介

最貧困女子

GS
幻冬舎新書
360

最貧困女子／目次

第三章 最貧困少女と売春ワーク 83

まえがき

2014年1月に放送されたNHKクローズアップ現代「あしたが見えない〜深刻化する〝若年女性〟の貧困〜」は、大きな反響を呼んだ。働く世代の単身女性の3人に1人が年収114万円未満であること。そして特に10〜20代女性に貧困が集中しているというデータを前提に、貧困の現場で生きる当事者女性たちの痛ましい現実が映し出された。後追いのように各メディアは女性の貧困を特集する。働く女性の貧困、特にシングルマザーに集中する困窮状態の数々。「貧困女子」というキーワードも、認知度が高まってきた。

だがその一方で、「マイルドヤンキー」「プア充」という属性分析も生まれた。前者は博報堂のマーケティングアナリスト・原田曜平氏が提唱したもので、低所得だが地元の友人や家族との強い連帯をベースとして比較的QOLが充実している若者層のこと。原田氏は彼らが新たなる消費の中心となる待望論を投げかけた。後者の「プア充」は宗教学者の島田裕巳氏が提唱したもので、年収が300万でも所得を上げるために大きな時間を費やす人生よりＱＯＬが高いとする問いかけだ。

現代の若者層の平均所得から考えれば年収３００万円は「リッチ」なので、プア充理論には少々誤謬がある気もするが、こうした対立理論が生まれる中、貧困問題はクローズアップされればされるほどに、混乱を招いているように思える。


そもそも貧困とは何か。多くの専門性をもった社会活動家や支援者が貧困の分析をしているので詳しい論証はそちらに譲りたいが、僕なりの考察では、人は低所得に加えて「三つの無縁」「三つの障害」から貧困に陥ると考えている。

三つの無縁とは、「家族の無縁・地域の無縁・制度の無縁」だ。家族の無縁とは、困ったときに支援してくれる家族・親族がいないこと。親も貧困であれば頼る術はそもそもないし、貧困家庭に育つことは教育というその後の所得を保証する（最近は保証しないが）自己資産を得られないことにも繋がる。地域の無縁とは友達の無縁にも置き換えられるが、苦しいときに相談したり助力を求められる友人がいないこと。制度の無縁とは、そもそも生活保護の捕捉率が非常に低いことに代表されるように、社会保障制度の不整備・認知度の低さ・実用性の低さのこと。貧困とはひとつの条件で陥るものではないから、これらがオーバーラップして人は貧困に陥るのだと考えている。

一方で三つの障害については「精神障害・発達障害・知的障害」と考える。これを挙げることは差別論にも繋がりかねないので慎重を要するが、これらの障害は「三つの無縁」の原因ともなっている、無視できない問題だ。鬱病や統合失調症などの精神障害は安定した就業を不可能にするばかりか、ケアの難しさから三つの縁を遠ざける。ＡＤＨＤや自閉症スペクトラム（アスペルガー症候群等）等の発達障害もまた、理解されづらいパーソナリティが精神障害と似たような「支援への斥力《せきりょく》」となる。知的障害は法区分では精神障害に入るらしいが、療育手帳取得に至らないような軽度・ボーダーラインのものを含め、やはり安定した職や支援者に繋がらない要因となる。

一介の取材記者に過ぎない僕がこれまでの取材から立てた素人分類だが、少なくとも「貧乏でも頑張っている人はいるし、貧困とか言ってる人間は自己責任」という最も無理解な戯言は、これで払拭できるはずだ。彼らへの具体的な支援策などは、それこそ専門性の高い人たちで議論してほしいと考えている。

だが……。

世の中には、こうした分類・分析・論証や議論から外れたところで、目も当てられないような貧困の地獄の中でもがいている女性、そして未成年の少女たちがいる。セックスワーク（売春や性風俗産業）の中に埋没する「最貧困女子」。それが、僕が見てきた最も悲惨な風景だった。

いや、そもそもセックスワークは高所得なのでは？　その仕事を選んだのはまさに自己選択・自己責任だろう。「女はいいよね、売る身体があるから」。そんな反論によって、僕の耳タコはもうカチカチだ。だが彼女らは、紛れもなく貧困状態にあった。三つの無縁と三つの障害を、合わせて4つも5つも抱えているような女性もいた。にもかかわらず、彼女らは貧困問題の議論から除外されてきたとしか思えないばかりか、常に差別と無理解と糾弾の対象だった。

なぜなら彼女らの貧困、抱えた苦しみや痛みは、「可視化されていない」のだ。そしてセックスワークには、この不可視状態を作り出す要因、そして貧困女子を最貧困女子へと引きずり込む引力、さらには本来彼女らを救うべき支援者や社会制度に対する斥力までもがあった。

「世の中の、誰にも世話をしてもらえない人をこそ、親切に世話をしてあげたいものだなあ」

この言葉は、正田篠枝さんという女性の書いた『ピカッ子ちゃん』という童話集の中にあった。広島に落ちた原爆の被爆者たちをケアしてきた正田さんのこの言葉を僕は子供の頃に読んだが、これこそが社会的弱者への福祉・支援の根本精神だと思う。

見えづらい、分かりづらい、面倒くさい、そんな「最貧困女子」を、忘れないでほしい。見捨てないでほしい。見下さないでほしい。彼女らの抱えた不可視の痛みと苦しみを、この本では可視化してみたいと思う。

第一章 貧困女子とプア充女子

貧困女子＝小島涼美さん（23歳）の場合

2010年10月、神奈川はJR川崎駅前のカラオケボックス個室で、23歳の小島涼美さん（仮名）が差し出したのは、「内容証明書在中」と赤く押印された封筒だった。中から出された一枚の紙には、「家賃支払い請求書」と大きく書かれた文字の後に、淡々とした文章が続く。

——貴殿は下記建物について○○と賃貸借契約を締結していますが、平成二十二年一月分から平成二十二年八月分まで、一部支払い分を除き合計三十二万円の家賃を滞納されています。本状の到達後七日間以内に、上記滞納賃料の全額をお支払いいただきますようご請求申し上げます。期日までにお支払いいただけません場合、貴殿との建物賃貸借契約を解除させていただきます——

赤く太い枠線の中に、縦書で印刷された明朝体の厳しい文字は、なぜかそれを見るだけで胸が締め付けられるような威圧感がある。「これが最後通牒だ」と言わんばかりの短文を読み終わって小島さんを見あげると、放心したような表情で音を消したカラオケのモニターに流れる映像を見つめていた。

「これ8月ってありますけど、その後どうしたんですか？」

そう聞くと、小島さんは無表情のままでこちらを向き、無表情のままで答える。

「結局払わないで、手荷物だけもって逃げてきちゃったんです。それから2ヶ月ずっと、あそこです」

あそこというのは、このカラオケボックスから歩いて数十歩のところにあるネットカフェだ。小島さんはいわゆる「ネットカフェ難民」だった。

「バイトはアパートにいたときに始められたんで、そのまま働いてます。スイーツっていうか、ケーキとかが自慢の喫茶店です。レジと接客なんですけど。でもそこも多分、クビになる。アパート追い出されたこととか、バレたらやっぱりクビですよね？　あと対人恐怖？　視線恐怖症かな、わたし人と目が合うとパニックみたいになるんで、本当は接客厳しいんで、本当に厳しいんで。時給900円で10時から6時なんですけど、（手取りで）7万円ぐらいにしかならないです。やめたいけど、やめるなら次のバイト見つけてからじゃないと駄目だし、昼と夜はケーキとかトースト食べれるから。本当は夜は駄目なんだけど、隠れて食べちゃう。だからシフト入ってる日は食費かからないんです。でも、今週になってから2件バイトの応募したんですけど、駄目でしたし。アパート出てから20個ぐらい応募したけど全滅だし、どうしょもないですよ。応募したのは、全部住み込みで接客業以外なんですけど、いま住み込みのバイトって凄い倍率高いんで、ほとんど電話した時点で募集終わってる」

少しぽっちゃりして浅黒い丸顔に、縁の太い眼鏡。少し栗色でウェーブのかかった髪の毛を後ろで束ねるが、まだ23歳だというのに点々と白髪が目立ち、リスのように少し突き出した前歯は虫歯なのか、青紫色に変色していた。話すときも決して正面を向かず、常に机の上に落ち着きのない視線をめぐらせている小島さんの言葉はまるで独り言のようだが、確かに本人の言うように接客業にはとても向いているように思えなかった。

「やっぱり高校中退が駄目なんですかね。学歴も資格も要らないって求人には書いてあるけど、嘘なら書かなきゃいいのに」

大きくため息をついた小島さんは、両手で顔を覆って黙り込んでしまった。

「家賃、どうしよう。内容証明ってなんですか？　これが来たってことは、裁判にかけられるんですよね。警察がわたしのこと捜してて、指名手配なんですか？　わたし、部屋出てくるときにバイト先が分かるもの置いてきたかもしれないんです。それ調べて、警察がバイト先に来るんですか？　クレジットも滞納してるんです。警察来たら、間違いないですよね、クビになるのは」

行きつけのネットカフェは、ナイトパックを使えば1700円で泊まれてシャワーもあるが、毎日泊まれば月に5万円を超えてしまうから、深夜のファミレスのドリンクバーで粘ることも少なくない。ファミレスでは、熟睡していると店員から注意を受けることもあるため、古本屋で買った100円の文庫本を読むのだという。もう何度も読み返したという本はボロボロになっていた。詩人の銀色夏生さんの詩集『月夜にひろった氷』だった。

この日の小島さんの所持金は、8000円。バイト先の給料日は2週間後だった。

「わたしは犬以下」

小島さんが生まれたのは同じ神奈川県内だが、港町川崎とは打って変わって内陸の山深いエリアの地方都市。昨今では珍しい4人兄弟の末っ子として生まれた。家庭の環境は複雑だった。上は年子の兄3人で、一番下の兄でも彼女と10歳離れていたし、母親が違った。

小島さんの母親は、兄たちの母親と父親が別れたあとの後妻。父親は地元密着型の運送業を営む社長で、彼女は父親が40代後半のときの子供だ。

父親はかなり厳しい人間だったが、面倒見のいい人で、経営する運送会社で雇った社員ドライバーを何人も自宅敷地内にあったプレハブ建ての寮に住まわせ、景気の良いときは自宅の座敷にコンパニオン女性を招いて社員に酒を振る舞った。母親は元々この父親が贔屓にしていたコンパニオン派遣会社の社員だったが、小島さんが子供の頃から「いつも寝ている」という印象が強かったという。近寄りがたい感じで、小学校が終わっても小島さんは自宅ではなく父親のいる会社の事務所のほうに帰ることが多かった。

父娘の会話は少なかったし、小島さんはどう甘えればいいのか分からない子供だったというが、父親のことは好きだった。父親は彼女の時間つぶしのために、事務所の応接スペースにテレビとゲーム機を置いてくれた。

小島さんが地元の県立高校に進学し3年生になった頃、その父親に癌が見つかり、たった半年で亡くなった。そして、生まれ育った環境は、急速に崩壊していった。

実は小島さんの父親は、大借金もちだった。会社の資金繰りのためだろうか、信用金庫などの金融機関はもとより、父親に金を貸していない親族はいないほどだったという。顔を見たこともない親族がかわるがわるやってきて、タンスの中から押し入れの上の天井裏まで家捜ししていく。現金や証券類などを隠していないか、隠しているなら差し押さえの前に回収しようと思ったのだろう。それがないと分かると、今度は家の中で売れるものを運び出し始めた。テレビや冷蔵庫などの家電や家具、小島さんが子供の頃から大事にしていたコミックの蔵書も子供部屋から持っていかれた。

母親はその間、家をあけるようにしていたようだが、帰宅して自分の宝飾品やブランド品がなくなっているのに気づくと、110番通報をして警察を呼び、大騒ぎになった。そして、なぜ親族が母親のものを持っていくのを止めなかったのかと小島さんを責めた。

「あんたが生まれるから、お父さんと結婚したのにって言われました。お父さんのことは特に好きじゃなかったし、あんたを産んで人生損した、だって。あの人がそう思ってるのは知ってたけど、口に出して言われると、ああそうですかって。ブランド品買ったのとかだって、お父さんのお金でしょ？　お父さんが借金して買ったなら、持っていかれてもしょうがないですよね。そう言ったら、ビンタされました。わたし、それからあの人とはひと言も話してない。もう17なんだから自分で何とかしなさいって言われた」

数日後、母親は愛犬を連れて家を出た。書き置きのひとつもないが、最後に言われた言葉は「あなた高校どうするの？」だ。どうすると言われても、学費がいつまで支払われているのかも分からないし、定期券は夏休み前で切れていた。犬と荷物がなくなっていることで母親の出奔に気づいた小島さんは、「わたしは犬以下か」と思ったが、妙に納得したという。

「犬以下ってことは、わたしも娘らしいことしなくていいし、普通の娘が母親にしなきゃいけないことをしなくてもいいんだって思いました。そのほうが楽だと思いました。たぶん、わたしお母さん嫌い。ワケとかなくて、合う合わないの問題で。それで子供の頃から可愛い娘になれない自分のこと、これじゃいけないんだって思ってたんだけど、お母さんがそうするなら、ああそうですかって納得です。別に無理しなくてもいいんだって」

小島さんはその時点で17歳。本来なら父親に借金があったとはいえ、親族一同で彼女の身の振り方を考えてやるべきだったと思う。だが親族は、家に住み続けるなら「家賃を払え」と言った。いつ差し押さえられるか分からないが、「担保物件に住んでいるんだから家賃払うのは当然だろう」と言うのだ。これに3番目の兄が激怒し、彼女はしばらく兄夫婦のアパートに身を寄せることになった。

「二部屋のアパートで、ちょうどその頃姉さん（兄嫁）がひとり目の子供産んだばっかりだったから、狭くて長くいないでねって。それで、お父さんの会社の取引先だった運送会社で事務することになって、でもそこは専務（社長の奥さん）に凄いいじめられて行かなくなって、元々お菓子作るのとか好きだったんで、寮がある洋菓子の会社に入ったんです。でも、作る仕事かと思ったら、梱包と発送業務なんですよ。お菓子、機械で作るんで。その頃のお給料は、手取りで11万円（寮費徴収済・水道光熱費は無料）ぐらいだけど、少ないとは思わなかった。前（の運送会社）は5万円だったから、凄く多いと思いました。まあ、前のは研修期間中に行かなくなっちゃったからだけど。あと、お菓子の会社はお給料前払いもできるから、そんなに悪くはなかったんです」

この会社では、4年以上お世話になったが、その間に少しは貯金もできた。というのも、小島さんには夢があった。貯金と奨学金制度を使って高卒資格を取り、調理師の専門学校に通って、パティシエとしてお菓子作りのプロになりたかったのだ。

闇金に金を借りるまで

だが、手元にお金ができたことが、彼女の選択を誤らせる結果となった。

「なんで？　って言われたら、いまも説明できないんだけど。買い物でZ町に出たとき、道で勧誘されたんですよ。それが、パソコンスクールなんです。声かけられて、なんか断れなくて教室で体験受けて、それでクレジットで入学するって話になっちゃって。25万円のコース。貯金はその頃30万円はあったし、でも貯金は使わずに全部クレジットにしてもらって、月々は1万4000円ぐらい返せばいいんです。パソコンの資格があれば何だってできるし就職にも有利って、その頃は信じてた。それで何回か通ったぐらいのときに、会社（製菓会社）が倒産しちゃったんです」

'09年末のこと。それからの転落は、一瞬だった。最後の給料は、未払いのまま。会社の倒産整理を担当する弁護士（のような人）が、7日以内に寮を出るように、そして電気と水道は使えるが、できるだけ使わないでほしいと伝えて、名刺を一枚渡してきた。大急ぎで次の仕事とアパートを探さなければならないが、バイト探しもアパート探しもほとんど初めての経験だった。

恐る恐る不動産屋に行くも、会社が倒産して現在無職であること、兄たちには連絡を取りたくないので保証人になる人間がいないこと、現在の貯金の額などを全て正直に話すと、どこの不動産屋も「ちょっと無理じゃないですかね？」と言う。足を棒にしてあちこちの不動産屋を回り、最終的に見つけたのが、くだんの「家賃を半年以上滞納した」アパートだった。

「その不動産屋さん、凄い怖いおばちゃんで、女なのにパンチパーマでした。それで、かなり色々キツいこと言われて、わたしもうヘトヘトで泣いちゃったんです。そうしたら、保証人は不動産屋のほうでつけるし、敷金と礼金があるところしか仲介できないけど、あとその、手数料とか、払ったら生活できないんであれば、大家さんと相談して家賃に上乗せする形で払っていってくれればいいからって言われたんです。多分、凄くいい人だったんだと思うんです、おばちゃん。会社も失業手当が出るはずだから弁護士のほうに電話をするとか、バイトはハローワークに行って探すのがいいとか、教えてくれたんです。あと、労働なんとか？　行けって」

まさに捨てる神あれば拾う神あり。小島さんはこの時点でやるべきことの多くを、この不動産屋の女性から指南されたわけだ。「労働なんとか」は、労働基準監督署か製菓会社の労組だろう。だがこうしてようやく6畳一間で家賃4万5000円のアパートに転がり込んだものの、アドバイスしてもらったことは全て無駄になってしまった。小島さんの精神力が、ここで枯渇したのだ。

初めこそ片っ端からバイトの応募をした小島さんだが、面接は連日連敗。寮には共同のキッチン、冷蔵庫や洗濯機などがあったが、アパートではそれを全て自力で揃えなければならない。弁護士に連絡をするように言われていたが、連絡先も交換していなかったし、名刺は引っ越しのゴタゴタで失くしてしまっていた。携帯電話はプリペイド式のものを所有していたが、利用残高がバイトの応募電話のたびに見る見る減っていく。ほとんどは面接にすら漕ぎ着けなかったが、面接に行けばその分の交通費も大きな打撃となった。そして、ほぼ誰からも電話はかかってこないが、パソコン教室のローン振り込みは3日遅れただけで催促電話がかかってきた。

転居初月末、家賃を振り込むと、もう彼女の総資産は10万円を切ってしまい、製菓会社時代に一枚だけ作ってあったクレジットカードで、何万円かをキャッシングした。そしてしばらくバイト探しもやめてしまったのだという。

「一日にやることが3つとかなら順番にやれるけど、10個も20個もあると、最初の1個ができなくなりません？　なにもヤル気なくなっちゃって、それでわたし、寝てればお腹減らないかなとか思いました。だから最初カップラーメンだけとか。アパート入ったの真冬だったけど、布団もないし、電気と水道は通したけど、ガスはもったいないから電話しなかったんです。ていうかコンロ買わなかったし。リサイクルショップで1500円で電気ポットがあったから、それ買って、ラーメンですね。あと電気ストーブが1200円。でも今年（2010年）特別寒かったじゃないですか。4月に雪が降りましたよね。本当に部屋にいるとストーブついてても寒くて寒くて、夜中はコンビニで立ち読みしたり、やっぱファミレスのドリンクバーで粘ったり。ドリンクバーも甘いもの一杯飲んでれば、トイレは近くなるけどお腹膨れますから。ガムシロップ一杯入れて。お湯が出るところで身体拭いたり頭洗ったりもしましたけど、これは店員さんにバレたみたいで、凄い顔で睨まれました」

夜中にファミレスで粘り、朝に店が混んでくると外に出て、晴れている日は風の当たらない日向を探した。とにかく春が待ち遠しかったという。既に彼女はホームレスに片足を突っ込んでいたわけだが、その待望の春が来ても、バイトは見つからなかった。ようやく現在勤めるケーキ屋が見つかったのは、ゴールデンウィーク後のことだ。

カラオケボックスの中、ネットカフェ難民に陥るまでの半生を話した小島さんの言葉は途切れ途切れで、そして時系列も前後していたが、その貧困状態は疑うまでもなかった。疲れ果てた表情、がっくりと落とした肩、首元がヨレヨレになったトレーナーに、太ももの部分が汚れたジーンズと、やはり薄汚れた白いスニーカー姿で、終始貧乏ゆすりが止まらない。服を洗濯できていないからか、生乾きで取り込んだ洗濯物のような臭気も放っている。

「どうすればいいのか分かんないです。けど、やっぱり自分が悪いのかなって思ってます。わたし駄目だから。ここで頑張んなきゃってときに限って頑張れなかったり、変な選択しちゃうんです」

彼女はこの取材の1週間前に、ついに闇金融業者から4万円の借金をつまんでしまったのだという。所持金だという8000円とは別に用意した、この虎の子資産。闇金業者からは週に1万円ずつの8回返済でいいと言われた。融資額は5万円だが、1万円は「初回返済保証金」として預かり、1回目の返済で1万円を返せば、この保証金は戻す（つまり1週間目の返済はない）という、少々複雑なシステムだが、小島さんはこれをありがたいと感じているようだった。

「それって13日間は返さなくていいってことだから。だから、今度は失敗しないって、頑張るって思ってます。あと1週間で無理でも、2週間以内に他のバイトとか見つけられれば……。ただ、次に住み込みとか見つけても、そこに家賃の請求ってやっぱり来るんですかね。それが心配です。鈴木さんだったら、どうすればいいと思いますか？」

「消費者金融難民の女性」

僕自身は貧困問題の研究者でも社会運動家でもなく、一介の雑誌記者に過ぎないが、メインフィールドとして裏社会、犯罪の加害者、触法少年少女（いわゆる非行少年）といった、社会の裏側にいる人々の当事者取材を重ねてきた。その中で多くの貧困女子を取材してきたのは、いわば必然だったとも言える。実は小島さんの取材をセッティングしてくれたのは、彼女が5万円の融資を受けたという闇金業者の真嶋君という30代の男だった。

サラサラのアッシュヘアに日焼けサロンで焦げた肌、クラッシュジーンズに真っ白な革靴と糊の利いたドレスシャツとネックレスを合わせ、見た目は私服のホストといった風情の真嶋君は、「フリーの闇金業」だった。店舗を持たず、特定の闇金店舗に所属するわけでもなく、貸付先を自ら開拓して、融資資金は金主（不良投資家・真嶋君の場合は地場のヤクザ）から調達。貸し付けた金の回収業務も自分でやって、利益の一部を金主に戻すという業務形態をとっている。

「どうですかね、小島さん。参っちゃってるんですよね、話聞いて可哀相だなって思ったんで、貸しちゃったんですけど、俺も相当甘いですよね。パッと見可愛いかなって思ったけどよく見たらそーでもないし、臭いのは洗えばなんとかなると思うんですけど、聞いたらいままで彼氏できたことないし、処女だって言うんですよ。あんだけ落ちてれば風でも水でも（風俗業や水商売でも）入れてあっさり回収とか考えてたんだけど、お菓子屋やりたいとかパティシエなりたいとか、ワケ分かんないですよ」

困り顔で言う真嶋君だが、彼はたまにこうした闇金業者的常識からすれば「ポカ」をやらかし、回収の見込みがない客に金を出してしまう。彼自身が元々は小島さんとは比較にならないほど壮絶な貧困と虐待（真嶋君は男子だが義父からの性的虐待の過去があった）のサバイバーだからだろうか。生い立ちこそ不遇だが、そんな真嶋君の狙いは、僕からの「取材謝礼」だ。

僕は記者活動の中で、取材対象者を紹介した人間には必ず紹介料を包んできたし、取材対象者にも謝礼を渡す。真嶋君は小島さん本人から回収が難しいのではないかと考えて、取材謝礼から少しでも補塡しようと考えていたようだった。

「ほら、テレビとかで派遣切りとかネットカフェ難民とか結構出てるじゃないですか。鈴木さん、そういうの紹介してよ。出演料出るでしょ？　そんなのだったらいっぱい紹介できますから」

テレビ屋は裏側の人間を取材しても基本的に謝礼は出さないと告げると、真嶋君はニヤニヤしながらガッカリという、よく分からない表情を浮かべていた。

「そうなんすかぁ〜？　んだよ、ショッパいなあ……。じゃあ、脱がしちゃおうかな……。ネットカフェ難民の女がヌードで告白とか、雑誌でやったら結構受けるんじゃないですかね？」

「そういうのは、コメントは当事者から取って、写真は脱ぎモデルのプロダクションから用意して仕込むから、全然金にはならないと思いますよ？」

「そっか……つまんねえなあ」

これである。

似たようなやり取りは、飽きるほど繰り返してきた。そもそも小島さんの取材は「ネットカフェ難民の女性」ではなく、「消費者金融難民の女性」というテーマで行ったものだ。取材をした2010年の6月、段階的に行われてきた「貸金業法改正」の最終段階として、総量規制が施行された。これは消費者金融の過剰貸付抑制対策として、クレジットカードのキャッシングなどを含む消費者金融からの個人貸付時につき、証明できる前年所得の1／3を限度とするもの。「総量」とは金を借りている消費者金融が複数社に及ぶ場合、各社貸付額の総額を意味した。この改正により、カードのキャッシングローンの返済を他社のキャッシングで返すという自転車操業をやっていたり、そもそも所得の証明ができない利用者の多くが「総量オーバー」として消費者金融からの貸付を受けられなくなり、違法金利の闇金業に流入してきた。

そのギリギリ以上まで頑張り尽くした

小島さんの状況は厳密には消費者金融難民とは言えなかった（多重債務状態にはなく、むしろクレジット契約ができない）が、アドバイスできることはたくさんあった。

まず家賃を滞納していたからといって、それは規約違反であって刑法犯ではなく、警察沙汰になどはならないということ。そもそも過ぎ去った過ちだが、2ヶ月に1度半額でも家賃を入れて不動産屋でアドバイスをくれた女性のもとに事情を話しに行っていれば支払いの意思なしとはみなされず、ギリギリでも信頼関係を繋いでおけば内容証明での家賃請求もなかったはずだ。むしろ悪質な店子として居直る根性さえあれば、大家と店子では店子のほうが様々な権利を守られているのが日本の法である。

8ヶ月ほとんど滞納という状態まで放置というのは、不動産屋も大家から管理責任を問われる異常事態なわけで、小島さんの事情に憐憫を感じたパンチパーマのおばちゃんが、相当な根回しをしてくれたのではないかとも思う。もしくはよほどの空室率や悪質滞納者を抱えた不人気アパートなのかもしれない。まずはどれほど怒鳴られるとしても、その不動産屋に一度出向くこと。必要とあれば、僕が同行してもいい。

現在勤めているケーキ屋さんは、彼女にとっての生命線だ。住んでいたアパートを出てしまったことで解雇されるとしたらそれは不当解雇だし、予め経営者に困窮状態を丁寧に話しておくほうが良いかもしれない。素直に相談したことで解雇されるとしたら、やはりそれは労働問題だ。

また、資産・預金一切なしで所持金8000円（＋闇金の融資金少々）というのは、間違いなく生活保護法における緊急保護を要する状態だ。同行する支援者に繋げば福祉事務所との交渉もできるはずだし、やはり僕が同行してもいい。問題は小島さんが元いた製菓会社の寮を出たときに転出届を出さず、住民票が寮住所のままということ。原則的に生活保護は住民票住所に住んでいることが受給条件となる。転出から1年未満なので職権消除（住民税未納などによって住民票が削除される状態）はないと思うが、改めて住所は必要だ。だがちょうどその頃は、住民票の置けるネットカフェなども現れた頃だったし、同じく住民票を置いてもいい女性専用のゲストハウスなどもある。ネットカフェの連泊に比べれば月次出費は抑えられるし、それこそ闇金から金をつまむのであればそれをゲストハウスへの転居費用に充てればいいし、なんなら無利息で僕が貸してもいい。

そういえば、同様の女性で闇金業者の住む部屋に一時的に住民票を移して生活保護を受給しているケースもあった。これは絶対にお勧めできないし真嶋君に言えば「なんでこの女のために俺がそこまで？」と返ってくるのが目に見えていたが……。

だが、こうした説明を分かりやすく図に書いて説明しても、どうにもこうにも小島さんの脳には言葉が染み込んでいかないようだった。引っかかったのは、生活保護を受ける際には直系血族や兄弟への扶養義務の照会があることだ。

「兄たちにはもう、頼りたくないんです。実は独立するとき（製菓会社の入寮時）、3番目の兄っていうか、その兄の奥さんがお金出してくれたし。上の兄ふたりは、連絡先知らないです。お母さん？　論外でしょ？　（3番目の）兄ちゃんに聞けば分かるけど、他人だから。兄ちゃんのとこはふたり目が生まれたばっかで、生活が超大変なの知ってる。奥さんも迷惑だと思う、独立のときも手切れ金みたいな感じで渡されたから」

いや、だから、そもそも生活保護を受けるには、兄たちの「妹を扶養したくありませんしその能力もありません」の意思の照会が必要なのだ。迷惑をかけることではない。そう言っても、小島さんには伝わらない。

「でも、兄ちゃんと奥さんには、ギリギリまで頑張って、きちんとした姿を見せたいし。いまお金ができたから、あと2週間で結果出す。いまそう決めたばっかりで、頑張れるから、わたしは大丈夫です。不動産屋のおばちゃんにも、ちゃんと結果出して謝りに行きますから」

彼女の生い立ちやエピソードを聞けば、そのギリギリ以上まで既に頑張り尽くしたあとなのだと思う。だが、彼女はどこまでも真面目で頑迷だった。こんなことを言えば真嶋君に失礼だが、つまんでしまった借金にしても、本来無届け違法金利の闇金業者への過剰利息分の返済義務はない。だが小島さんは「真嶋さんは恩人です」と言う。

結局小島さんには、通常の取材謝礼を超える額を封筒に入れて渡した。だが、頑張ると言っていた翌日に頑張れなくなるのが貧困だ。小島さんは頑張ったほうなのかもしれない。3週間後、闇金業者の真嶋君から「小島が飛びましたよ（失踪しましたよ）」と連絡があった。

「こいつ飛ぶなって予感したんで、とりあえず呼び出して持ってる分だけ全額返済しろって言って。ちょっとは回収できたけど、案の定飛びましたね。恩人とかマジ笑える。携帯繋がってないし、探したけどいないし。危なかったですよ。ギリで回収できた分と、鈴木さんの紹介料でパイ（5万円がチャラ）ですね。いや、手間かけた分赤字ですね。んなことより、また凄い（貧困状態にある）子いますから、取材してくださいよ」

連絡を受けてすぐに小島さんが連泊していたネットカフェやその周辺を回ったが、彼女の姿はなかった。夜になり、ファミレスや24時間営業のマクドナルドなども巡ったが、やはり小島さんはどこにもいなかった。

教えてもらっていたプリペイド携帯の番号は、真嶋君に教えたものと同じだったからか、利用限度額超えで通話ができなくなっていた。せめてバイトをしているケーキ屋の店名を教えてもらっていればと後悔したが、一介の記者風情がどこまで個人の事情に踏み込むべきなのか。

名刺は渡してある。本当に困ったら連絡してほしいと伝えて、その後実際に連絡の来た女性もいる。だが、あれから3年半経ったいま、小島さんからの連絡はない。

貧困女子報道への違和感

僕は麻痺していたのかもしれない。重ねて言えば、僕の取材のメインフィールドは、裏社会、犯罪の加害者、触法少年少女といった、社会の裏側にいる人々の当事者取材。そこには様々な貧困、特に女性の貧困が溢れ返っていた。昨今、貧困女子というキーワードで俄かに女性の貧困がクローズアップされるようになっても「いまさら？」という気持ちもあった。

メンタルを病んだり、DV被害から逃げてきたシングルマザー。元派遣や短期工の失職者、小島さんのようなネットカフェ女子や、地方からカバンひとつで出てきたシェアハウス女子。薬物中毒者や、ギャンブル狂、ホスト狂い。障害を抱えた兄弟とふたり暮らしの女性もいた。

小島さんもまた、取材線上に浮かび上がっては消えていった、数多くの取材対象者の一人に過ぎなかった。

だが昨今、貧困女子というキーワードが一般的になり、様々なメディアによって事例が報道される中、僕は猛烈な違和感を抱いている。

何かが、おかしい。報道されている事例は、まさに貧困そのものだ。特にNHKをはじめとする映像メディアによる貧困の現場報道は、僕のこれまで書いてきた文字表現としてのノンフィクションなどよりも遥かに大きな伝達力をもって、彼女らの困窮を伝える。にもかかわらず、なぜか貧困の当事者への風当たりが弱まっている気がしないのだ。

この違和感は、'09年末の「年越し派遣村」で若いワーキングプアの実態がまざまざと報道されたときや、民主党政権下での児童扶養手当論争の中で働くシングルマザーの悲惨な貧困状態が伝えられたとき、そして生活保護の不正受給が盛んにメディアに取り上げられたときなどにも感じたものだった。

こうした機会に、当事者の苦しみが痛いほどに分かる現場取材の報道が流れても、なぜか同時に彼ら彼女らへの逆風も強くなる。どうしてなのだろう。

2014年春。とあるテーマの取材のために、北関東某県の地方都市へと向かった。そこで見た風景は、僕のこれまでの取材活動を根底から覆すようなものだった。

プア充女子＝永崎詠美さん（28歳）の場合

3月、取材対象者の女性が運転する軽自動車の助手席に乗せられて、僕は北関東の広々とした2車線の国道を走っていた。運転するのは、この車の持ち主である永崎詠美さん（28歳・仮名）。事前の聞き取りで、彼女はこんなことを言っていた。

「正直、年収が150万だと、ちょっとだけ苦しいかな〜って感じはありますけどね。でもそれって、生きてけないレベルとかじゃ全然ないです。むしろ地元の同級生とか、バイトとかしててもシフト不定期だったりで、月収8万9万は当たり前だし、みんなそれでやりくりしてますから」

そう語る彼女自身は、地元の「イツメン」(いつも一緒にいる友達グループのメンバー)の中では稼いでいるほうの月収13万円で、簿記系の専門学校を卒業後、地元の衣料品店で販売スタッフをしている。正社員8年目でこの給与とは、いかにも地方を中心に拡大する格差社会や若者の低所得層化を実感する数字だし、普段都市部の裏社会を中心に取材する僕としては少々ショックだったが、その事実よりも「これが月収10万円だとしてもまだまだOKっていうか、この辺じゃ当たり前」と豪語する永崎さんに驚いた。

どうすれば月収10万円で「まだまだOK」なのか。この日の取材は、そんな疑問を抱えた僕のために、永崎さんに彼女の地元や私生活の環境を案内してもらうというものだった。お言葉に甘えて地元ガイドをお願いしたが、その道中は目から鱗の連続だった。

永崎さんの愛車は、アイドリング中は車体がブルブル震える、故障車寸前の軽自動車だが、彼女は夜の幹線道路を容赦なく飛ばす。田園、住宅地、工場密集地、そしてまた田園。

そして、砂漠の中に現れるラスベガスの町のごとく、電光看板の密集する商業施設群に到着した。中古車店、ファストフードを筆頭に様々な外食店、スーパーマーケット、ゲームセンター、本屋やファストファッション店や自転車屋……。そんな店舗が閑散とした幹線道路沿いにみっしりと集中し、いずれもが広大な無料駐車場を備えている。典型的な、現代の「田舎の大型ロードサイド店」の密集地域だ。

永崎さんが迷わず車を突っ込んだのは、中古衣料から古本・ゲーム・家電や家具まで格安でそろう大型リサイクル店舗の駐車場だった。

「まず買い物ったら、ここです。職場から家までの間にこれ系のリサイクルのお店が3つあるんだけど。めちゃ広いし品数多いでしょ？　この店ハシゴしたら一日使っても足りませんよね？」

確かに店の内部は、色の洪水だ。大量の商品が迷路めいた店内を埋め尽くし、女性用バッグのコーナーだけでも小さなコンビニ程度の売り場面積を確保している。中古のTシャツは100円から1000円まで。「アウター1000円均一！」とポップの打たれた棚には、結構立派なフェイクファーのコートまで展示されていた。リサイクルショップにもかかわらず、ゲームコーナーもあり、クレーンゲームコーナーでは学生風の若者が、メダルゲームコーナーでは高齢者が、ゲームに興じていた。

「実は服とかコツがあって、シ○ムラとかで新品で1着500円とかの激安服買うよりは、ある程度つくりのしっかりした新品同様の中古ブランド服買ったほうが長持ちするんです。アウターは1シーズン使ったらまた売れるし、靴なんか勝負靴は大事にして普段はサンダルでいいじゃないですか。私、3年同じクロックス履いてますよ？」

生き生きと節約リサイクルライフを語る永崎さん。同様の工夫は、永崎さんの私生活の隅々にまで及んでいる。

「じゃ、友達とお茶するときはガストのドリンクバーで粘るとか？」などと聞けば、「ガスト！」と半ば噴き出し気味に返されてしまった。

「ガスト、ドリンクバーだけならいいけど、食べたら高いんで。だったらモールとかホムセン（ホームセンター）のほうにフードコートあるんで、そっちじゃない？　ペットボトル買っていけば何時間溜まってても文句言われないし。むしろガストとかファミレスは、子供ができてからじゃない？　ファミリーだし（笑）」

「食」に関しては、「衣」よりもシビアなようだ。基本は、国道沿いに何件もある、生鮮食品も置かれた100円均一ショップで買った惣菜で工夫しつつ、自炊。デフレという言葉が流行語になった時代に「ワンコイン飯」という言葉も現れたが、彼女たちのワンコインは「500円ではなく100円」だという。昼は弁当を持ち込むか職場近くの牛丼屋・蕎麦屋・ファストフードを気分でローテーションする。

「家計簿とか面倒でやんないけど、食費なんか月に1万5000円ぐらいでしょ？　2万はいかない。たまに、肉が足りねぇなあ！　ってなりますけどね。そういうときは、実家帰るか、友達とBBQ《バーベキュー》。田舎ですからでっかい公園行けばBBQセット貸してくれるところ何ヶ所もあるし。んで、ついでに高校のときの同級生で肉屋で働いてる男に頼んで、カルビ2kgとか用意してもらう。これで人数で割りゃ1000円ぐらいだもん。だから、デカい車持ってるやつの車の中は、必ずBBQセット入ってますし、炭火おこせない男は駄目男ですね。あと小腹減ったときは、回転寿司です。100円のです。3皿食べて、あと家帰って他のもの食べればいいし。困るのスイーツですね。スイーツは譲れない。安いスイーツっておいしくないし、自分で作るとむしろ高くつくし、正直私の場合は月の食費、スイーツがかなりデカい。脅威です」

衣食とくれば、次は「住」だ。永崎さんは家賃3万2000円（プラス駐車場3500円）のアパートに住む。間取りはアパートとしては広めの5畳のダイニングキッチンに、

6畳の居室だ。案内された商業施設群の中には賃貸仲介業者もあった。閉店後の店の外には、地元密着の無料賃貸情報ペーパーが差してある。手にとって確認するのを、横から永崎さんがあれこれと解説してくれた。

「ね、この辺、3万出せば1ルーム余裕でしょ？　私んとこ3万2000円でトイレがウォシュレットだし、IHだし。5万出せば2LDKも夢じゃないけど、大事なのは駐車場。あと近くにデッカい道路が走ってるか。結局一番お金がかかる感じがするのは、自動車なんですよ。この辺だとよほど大きな駅じゃない限り駅前なんか何にもないし、車ないとどうにもならないんで。私の車、地元の激安中古車店で走行距離8万㎞の車両を車検2年コミコミ25万円で買ったんだけど、ローンはいいとしてガソリン代が重いです。なんで、職場が替わるなら近くに引っ越したほうがいい。引っ越しなんかデカい車持ってる男に頼めば瞬殺です。私荷物少ないし」

「住」の固定費の中に車両費が含まれるのは、まさに車中心社会の地方ならではか。

だが永崎さんらの最大の生活の知恵は「シェア」という感覚だ。彼女の会話の中にはとにかく「友達が」「友達と」と、友達がらみの話が多いのだが、それもそのはず。彼女らの生活は、基本的に地元仲間との「支え合い、分け与え」で成立している。まず地元の友達と休みの日に出かけるときは、友達3人ほどとショッピングモールの大型駐車場に集合し、1台に乗ってガソリン代割勘で一気に行きたいところを回るというのだ。

「だから、燃費いいワゴン車乗ってる男とか、結構みんなから人気出ますよね。イツメンの中に必須キャラです。そんであちこち行って、帰りにガソリン満タンにして、人数で割るわけですよ。8人乗ってリッター15㎞とかなら、どんだけ走っても数百円でしょ？　買い物って言っても、基本地元ですからね。たま〜に下道だけで東京行ったりしますけど、駐車場が馬鹿高いし、物価高いし、東京でしか買えないものとか別に要らないし、Amazonあればほとんど送料無料だし。夏場は何かっつったら集ってBBQですけど、冬はやっぱスーパー銭湯巡りですね。2000円以下で一日ゆっくりできるし、風呂入ってスマホで対戦アプリやってビール飲んで寝て。それで代行（運転代行業者）呼んで帰ると。あ、アプリに課金なんかしないですよ、当日限定無料アプリとか選んで落としてるんで、基本ただ。スマホはLINEがあるんで通話しないし、実家との連絡もLINEです。兄貴の嫁が親にスマホ覚えさせたんで助かりますよ」

これできっちり10万円。余りもしなければ足りないこともないという。

数時間かけて地域をガイドしてくれた永崎さんは、最後にきっちりガソリン満タンを請求してきた。その抜け目なさは微笑ましく、頼もしさすら感じるものだった。

確かに彼女らの暮らす地元の求人ペーパーを確認する限り、手取り18万円を超えるような仕事は非常に限定されているが、永崎さんがガイドしてくれたように彼女らの周囲には、月に10万円で生活が可能で、さして不満も感じないための「デフレ包囲網」と言えるようなインフラが、完全に整備されている。地域全体が低所得だが、そこに大きく不満を感じないだけの経済圏が完成しているのだ。

プア充女子の基準とは何か?

後日、永崎さんの友人などにも話を聞いて、彼らの「基準」がようやく見えてきた。

まず彼ら彼女らに共通するのは、強い地元愛と、地元仲間との連帯感だ。生活をやりくりする上で「シェア」感覚が通底していることは前記したが、それ以上に「地元を捨てたら負け」「上京したら負け」という感覚もある。永崎さんが強調するのは、上京による「婚期逃し」のリスクだ。

「特に『守り入ってる』ってわけじゃないけど。中高の同級生でも、仕事で上京した人はいますよ。頑張れって思うけど、だいたいみんな地元にいたほうがいいってぐらい、苦労してる。特に女子は地元に仕事ないからってことで、カバンひとつもって東京とか都市部に出てシェアハウス住み、みたいなの増えてるんですけど、やっぱ一人暮らしって無駄に金かかる。せっかく上京しても、余計貧乏になったみたいな子も多いし、特に女の場合、上京したら100パーセント婚期逃しますよね。なんだかんだ女子は上京組が多いから、地元女子人口は男子より少ない。でも少ない分、多少ブサな女でも彼氏できますし、さっさと彼氏と共稼ぎになったほうが生活も人生も充実するじゃないですか。だから、婚期大事。晩婚化とかなにそれ？　って感じ。だってこの辺で仕事してて、女は30代になっても賃金上がらないし、むしろ年食うほどマトモな仕事がなくなるんですよ。だったら金はなくても体力がある20代で第一子産んで、自分が30歳になるまでには気合で子供小学校に上げちゃうほうがいい。周りの同世代が一気に子供産めば、子育て協力し合えるし、自分だけ乗り遅れるな〜って感じです」

この感覚は、男友達も共有するものだ。永崎さんの後輩にあたる26歳の男性も「地元が第一」。彼の仕事は、昼は親戚の経営する建築重機のリース会社でドライバーのバイトだが、掛け持ちで地元のデリヘル店のスタッフをしている。いわばちょっと「不良寄り」だが、地元でいつも絡んでいる同年代の仲間には、親元暮らしのコンビニバイトのみもいれば、中学校の体育教員もいるという。属性はバラバラでも、みんな大事な地元の仲間だ。

「同中《おなちゆう》の友達で地元に残ってるやつ中心だけど、高校卒業したらみんな車で移動したり仕事始めたりして、横繋がりで友達増えるじゃないですか。あと地元でサル（フットサル）とか野球のチームがあるんで、その繋がりもある。何やるんでも一緒って仲間は5～6人だけど、地元仲間って言えるやつ全部カウントしたら同い年だけで30人はいます。先輩と後輩合わせたら100人ぐらい！　チームとかじゃないけど、やっぱ地元の意識強いですよ。仕事とか困ったときは協力し合うし、震災のときとか結構屋根瓦落ちた家とか崖崩れとか多かったんですけど、みんな金関係なくボランティアで動きましたしね。女たちも炊き出しに出てきてくれて、あのときは本当に、バリバリ絆感ありました」

　ちなみに永崎さんは、来年結婚する予定の30代の彼氏がいるが、この彼も地元同世代グループを率いる存在だ。写真を見せてもらえば袖口からタトゥがのぞく、ちょっと悪そうな彼氏だが、地元工務店の2代目だという。去年はその彼氏と同年代男子が中心になって付近の海のほうでチャリティレイブをやり、数百名を集めて大成功に終わった。これまで地元の先輩が結婚する場合は、周囲の後輩に「挙式カンパ」が回ってきたが、永崎さんが結婚する際には同じく後輩たちからカンパを集めて盛大な式を挙げる予定だ。

そう話す永崎さんの顔は、幸せそうだった。

「マイルドヤンキー」だったプア充女子

何も考えなければ、終始発見がある楽しい取材だったかもしれない。だが、この取材を終えて僕の心には暗雲が立ち込めていた。

彼女らの生態やメンタリティは、いわゆる「マイルドヤンキー」に属するものだ。「貧困女子のライフスタイルと節約術」。そんなタイトルで雑誌記事にするには彼女たちは確かにネタの宝庫だし、彼女らは所得層的には年収１２５万円前後の「貧困女子」に位置するが、とてつもなく充実していた。ギリギリではあるが生活を工夫し、地元の友人らと協力し合い、案外ハッピーに暮らし、何より地に足が着いている安定感がある。思わず「なんだ低所得でも案外人間は幸せにやっていけるじゃないか」と、前向きにすらさせられてしまうパワーが彼女らにはあった。

だが問題は、あの一目見て分かるほどの貧困状態にあった小島さんと、この充実している永崎さんたちが、ほぼ同じような所得層にあることだ。ここで、貧困女子という言葉が一般化していく中で抱いてきた違和感の根本が、いまさらながらにようやく分かった気がした。

永崎さんのような層が拡大すればするほど、同じ所得層にあるにもかかわらず貧困状態にある小島さんのような女性は、無理解と批判のターゲットになってしまうのだ。

「同じ月収10万で、きちんとやれてる人がいるのに、やれない人間には努力や工夫が足りないのではないか」

これは月収10万円付近のワーキングプアの人々が、子供を何人も抱えて月に20万円以上の生活保護を受給するシングルマザーを叩く構図と同じだし、永崎さんらも小島さんの糾弾側に回る可能性だってある。

だが、小島さんに足りなかったのは、努力ではない。随分と前のことになるが、年越し派遣村などを率いた湯浅誠さんが「貧困と貧乏は違う」と発言していたことがある。貧乏とは、単に低所得であること。低所得であっても、家族や地域との関係性が良好で、助け合いつつワイワイとやっていれば、決して不幸せではない。一方で貧困とは、低所得は当然のこととして、家族・地域・友人などあらゆる人間関係を失い、もう一歩も踏み出せないほど精神的に困窮している状態。貧乏で幸せな人間はいても、貧困で幸せな人はいない。貧乏と貧困は別ものである。そんな言葉だったと思う。

なるほど、永崎さんらにあって小島さんになかったものは、地の縁、家族の縁、安定したメンタル等々。小島さんは貧困だが、永崎さんらは貧乏。しかも貧乏でも充実している「プア充」層。この分類が明確でないからこそ、貧困に対する議論が活発になると同時に、必ず貧困者に対する逆風の世論も吹くのだ。

そして、納得いったと同時に、ひとつの疑問が湧き上がってきた。

果たして小島さんは、「最貧困女子」だろうか？

確かに彼女は極度の経済的、精神的困窮状態にあり、話を聞けば即救済と保護の対象だと分かるような貧困状態にあった。少なくとも彼女の貧困は「可視化されていた」のだ。ただ、それまで支援の手に繋がるチャンスがなく、本人も様々な制度を知らず（小島さんは生活保護とは老人しか受けられないものだと思い込んでいた）、そしてその生真面目で頑迷な性格から「ギリギリまで自力で頑張りたい」と望んでいただけだ。こんな彼女を救えなかったのは、単に制度の問題だ。

だが、僕がこれまで取材してきた貧困女子の中には、小島さんよりもさらに底辺にあり、さらにもっと激しい逆風に晒された女性たちがいた。彼女たちは、その身の内に抱えた困窮や痛みが、「可視化されていなかった」。ややもすれば、貧困状態にはないようにすら見える。そして、そもそも所得税などをベースに算出される公的な「貧困者の統計数」にすら、カウントされない。制度の問題どころか、彼女らは明確に福祉制度に対する「斥力」すらもつ存在だった。

いま、これまでなかったほどに女性の貧困問題がクローズアップされ、多くの支援者たちが立ち上がり、活発な議論を繰り広げているが、彼女たちは、長らく貧困問題の議論のテーブルからも除外されてきた。

彼女たち「最貧困女子」は、セックスワーク（売春や性風俗産業）の中にいた。

第二章　貧困女子と最貧困女子の違い

「最貧困女子」は、セックスワークの底にいる

「最貧困女子」。この言葉で真っ先に僕の脳裏に浮かんだのは、拙著『出会い系のシングルマザーたち』（2010年・朝日新聞出版）で取材をした、20余名の女性たちのことだった。

この著書で僕は、大手出会い系サイトの「いますぐに会える人」で売春行為をしつつ、その稼ぎで子供を育てるシングルマザーを取り上げた。メインの取材期間は'08年秋口から'10年春まで。彼女らが使っていた出会い系サイトとは、いまも街中でビル広告を出していたり、宣伝トラックなども走る大手サイトだが、その中の「大人のお付き合い」カテゴリーでは、「ワリキリ」に名を借りた売春行為が横行している。

――28才バツイチ子持ちです。少し困ってて、今晩から明日の朝、紳士な方と会えたらいいなと思って書き込みました！　チョイポチャだけど清潔感はあると思います。意味の分かる方、メールください☆――

チョイポチャとは体型が太めということ。意味の分かる方とは、会ってセックスしてお

金をくださいの、遠まわしな表現だ。

取材の入り口は、こんな書き込みを定期的にしている女性や、シングルマザーとは明記していなくとも子供がいておかしくない年齢をプロフィールに入れている女性に向けて、正面から取材依頼のメッセージを送るというシンプルな方法をとった。大半の返信は「顔出しなしなら2時間でハメ撮りOKです☆」といったようなもので、これはサイトを利用する個人の女性を装った「裏デリ・援デリ」と呼ばれる業者だ。こうした業者や冷やかしのメールを省くと、20余名の「私的に売春をするシングルマザー」が残った。

取材期間が1年余りと短かった上に、その期間中継続的な取材が可能だったのは10名に満たない。調査というにも、統計的情報を求めるにも、あまりにも少ない母数ではあったが、取材を進めるうちに「これでもう十分だ」「もう勘弁してほしい」という気持ちに、僕は苛まれることとなった。

なぜ彼女たちは、こんなサイトでの売春行為で得る稼ぎを必要とするのか。他に仕事をしていないのか、無職なら就職活動はどうしているのか。仕事ができない状況なら、生活保護は受給できないのか。離婚に至った理由や、前夫からの養育費はどうなっているのか。子供の養育状況はどうか。

聞き出したいことは尽きない。だが、この20余名という少数への取材をした後、僕はこのテーマでの取材を一切していない。というか、できなくなった。

ここで懺悔するならば、僕は逃げたのだ。彼女らを取り巻く、圧倒的な不自由と、悲惨と壮絶から、僕は尻尾を巻いて逃げ出した。そこにあったのは、考えても考えても救いの光がどこにあるのか分からない、どう解決すればいいのか糸口も見えない、そんな、「どん底の貧困」だった。

清原加奈さん（29歳）の場合

忘れられない光景がある。'09年2月、前年末からメールや電話での取材を重ねていた清原加奈さん（29歳・仮名）と待ち合わせをしたのは、奇しくも「マイルドヤンキー女子」の永崎さんやその友人たちの生活圏である、北関東某地方都市。永崎さんと加奈さんは、世代も非常に近い。だが、付近最大の都市部であるＪＲＭ駅南口シネコン前にやってきた加奈さんは、永崎さんらとは見るからに「別種」の存在だった。

身長は１５０㎝に満たないだろう。小柄な体軀は丸々と太り、すれ違う人が振り返るような短いスカートから白くて太い足がのぞいている。ふんだんなレース使いのワンピースは、肉でボタンが弾けそうになっていた。顔を見れば、厚塗りのファンデーションに濃すぎるチーク、目元はマジックで中学生が描いたような隈取りメイク、生え際から黒・茶・金と見事に3色のグラデーションがかかったバサバサのブリーチヘア。約束の時間に遅れること45分、バタバタと大きな足音を立てながら走ってきた加奈さんを見て、居た堪《たま》れぬ気分になった。

加奈さんは、某大手出会い系サイトの「いますぐ系」（当日に会える相手を募集するカテゴリー）の掲示板で、ほぼ毎日売春相手の募集を書き込む、いわば常連だった。彼女の提示する条件は、別イチ生本OK。これはホテル代とは別に1万円を貰えば、避妊具なしでセックスしますよということ。だが、このサイトでは書き込みに対して男性から返信がないものに対して☆印がつき、男性利用者に対して「いまがチャンス！」と返信を訴求するシステムになっているが、加奈さんの場合は書き込みから何時間経っても、翌日に同じ書き込みをするまでこの☆印がついたままのことが多い。つまり、毎日募集していても、彼女を「買う」男は稀ということだった。

それでも書き込みを続ける彼女には、小学校に通わせる8歳と6歳の子供がいた。開口一番、明るく笑いながら言う。

「ほんともう、絶対ほんとには来てくれないって思ってたから、嬉しい。昨日凄い落ち込むことあって、今日の約束なかったら、死んでたかも」

その「死んでたかも」を、とても流して聞けなかった。それまでのメール取材で、彼女はこれまでに何度も自殺未遂を図っていると聞いていたからだ。それも、子供の見ている目の前で……。その手を見れば、ワンピースに隠された手首から手の甲の部分まで、ビッシリと剃刀の痕が刻まれ、縞々模様になっている。その傷痕の中で赤黒く丸いものは、押し付けられたタバコの痕だ。

加奈さんは、圧倒的に「何も持たざる者」だった。生い立ちからして尋常ではない。

「この手の根性焼きとかは、自分でやったんじゃないの。これ、親にやられたから。ママに。手だけじゃなく、背中にも、足にもある。足の裏も。全部ママにやられたから。父親の記憶はあります。ぶん殴られた記憶とか、床下の野菜室に閉じ込められた記憶が。でもその父親がいなくなっても私の苗字とか変わらなかったから、父親じゃないのかもね。ママからそういう話も聞いてない。おばあちゃんが生きてたときはおばあちゃんがかばってくれたけど、おばあちゃん私が小3のときに死んで、それから酷かった。いまみたいに児童虐待とかがニュースとかでやる時代じゃなかったけど、小学校の保健室の先生が私のアザとかに気づいて、先生の家に泊まったり、先生の友達の家に泊まったり、児童相談所の寮みたいなとこ（一時保護所）に泊まったりしてたけど、小5で養護施設に入った。ホッとした？　う〜ん、棄てられたって思った。なんか私、おかしいの。虐待じゃん？　でも私、ママのこと嫌いじゃなかったんだよね。キレたらヤバい人だったけど、優しいときは友達の親とかと比べても凄く優しかったから。だから、棄てられたって思ったんですよね。たまに叩かれてもタバコ、ジューされても、本当の気持ちを言えば私は一緒が良かったな」

「二度と電話をしてくれるな」と言う実母

これが、彼女の幼少期だ。加奈さんは、社会問題化する前から確実に存在したはずの児童虐待の、被害者代表のような育ち方をしてきた。施設に入った後も、二度と母親と暮らすことはなかった。18歳でクリーニング工場に住み込みで就職し、その際に一度だけ母親に連絡を取ったものの、「二度と電話をしてくれるな」と言われ、その後は音信不通となったという。

子供の頃から友達らしい友達はいなかった。母親と一緒に暮らしていたときは、食事は毎食カップ麺と菓子パンだったし、独りで留守番しているときはダンボール箱入りで常時買い置きしていたポテトチップスばかり食べていたから、小学生時代で体重は50kg以上。太っていたことでずっといじめられてきたし、児童養護施設に入ってからも孤立していた。就職後に入った職場の寮でも親しい友人はできない。ひたすら孤独だった。

そしてそんな彼女がハマったのが、当時、携帯電話市場の最前線だった「iモード」が公式コンテンツとして提供していた、出会い系掲示板だったという。

「相手、顔が見えないでしょ？　女の子だってだけで、いっぱい相手してくれる人いるもん。いまだから私って結構話すけど、二十歳ぐらいまで他人とマトモに話せなかったから。私が話そうとする前に、相手が話しちゃうんだよね。何話そうって考えてるうちに。でもメールとか掲示板なら、相手が返事待ってくれるでしょ？　iモードの掲示板は本当に楽しかったな。特に恋愛とかじゃなく、中高生の子と知り合って友達になったり。世界広がったよ。ほとんど実際会ったことないんだけど。それで、私初めて彼氏ができて、別れて、それで知り合ったふたり目の彼氏が、前の旦那です。それで、ええと、デキ婚して、（クリーニングの）工場辞めました。旦那は、（地元の工場の）派遣の人。私とちょっと似たタイプで、あんま話すの得意じゃないけど、たぶん優しい人だった。でも私が悪いのかな？ ママもそうだったけど、私と一緒に居ると、だんだん性格変わってきちゃうんだよ。ウザぃんだって。私、ウスノロだし、いちいちイライラするんだって。それで、（旦那が）私にも子供にも手ぇ上げるようになっちゃったんですよね」

彼女の人生は、暴力から解放された時期が極端に短い。幼少期は両親から。施設に入れば男女問わずに彼女を叩き、そして無視し、結婚してからは夫に叩かれる。最初の子供は女の子で2年後には男の子が生まれたが、下の子が生まれた頃から夫の暴力はエスカレートした。それまでは口論の末に手を上げる程度だったが、仕事で疲れて帰ってきたときに下の子が泣き止まないと、加奈さんともども家から蹴り出された。

「仕事から帰ってきた瞬間に、『来るな……』って分かるからね。子供が泣いてると、玄関で壁殴って『外行け！ 静かになるまで戻ってくんな！』って。よく追い出されてミニストップで時間潰したたな。あそこ座れるでしょ。上の子は結構可愛がる旦那だったんだけど、下の子は『俺の目を見て笑わねえ』とか言いがかりつけて、私の見てないところでつねったり、アザ残ってると分かるし。あとオムツお願いしてもウンチ拭かずに新しいオムツかぶせるだけとかされて。それである日、私が半日外出して戻ったら、下の子がユニットバスの中に閉じ込められて、冬なのに全裸で、泣きながら凍死しそうになってた。『何もしてねえよ』って言うけど、病院に連れていったら肩が脱臼してて、振り回したんだろうなって。それで病院から帰って、私が泣きながら『もう出てって』って言ったら、『そう言われるのを待ってた。出てくけどお前が出てけって言うから出てくんだし金はねえからガキはお前が何とかしろ』って言って、出てっちゃいました。プレステとソフトと服だけ持って」

こうして4年間の結婚生活が終了したのは、加奈さんが25歳のときのことだった。彼女は、勇気を振り絞って「出てって」と言えたことを、少し自慢げに語った。「子供連れて出ていくから」の選択肢もあったが、それでは負けだと思ったのだという。子供に大怪我を負わされた怒りが可能にした、精一杯の勇気だったのだろう。

「整形とダイエットしてから出直せ」と言われてトイレで手首切った

だが夫が出ていったあと、加奈さんは崖を真っ逆さまに落ちるように、貧困のどん底へと沈んでいった。結婚と出産を機にクリーニング工場を辞めてから、仕事はしていなかった。一家で住んでいたのは公営住宅だったが、夫が出ていった時点で家賃は払えない。急いで住み込みの仕事を探したが、上の子は4歳で、下の子が2歳と、まだまだ手間のかかる時期。住んでいたF市は大手電機メーカーの企業城下町だが、関連企業を含めて労務者の派遣雇用が急速に進んだ時期で、就職したければまず派遣会社に登録しなければならない。そして派遣会社の担当に条件を伝えても、紹介される仕事はほとんどなかった。

「フルタイムなら、どこかに子供預けないといけないし。でも親も友達もいないし、他に預かってくれるところはお金取られるし。かといって家に置きっぱなしじゃ可哀相すぎる。あと旦那がいた頃からちょっとメンタルやばくて、隠れてリストカットとかバンバンやってたし、それで（精神的に）落ちると朝とかキツくて起きれなくて。駄目元でM駅近くの水商売系も面接受けたけど、5件受けて全部落ちた。そもそもF市にそういう店ってほとんどないし、F市からM駅じゃ、バスと電車で1時間ぐらいかかっちゃうし。勇気出して、M市とかT市の風俗の面接も受けたけど、『整形とダイエットしてから出直せ』って怒鳴られました。この日は帰りにトイレで手首切った。つらくって」

そうこうするうちに、電気水道ガスのライフラインと家賃と携帯電話料金の全てを1ヶ月滞納。命綱の携帯電話が利用停止となる直前に、出会い系サイトに登録して書き込みをした。「何でもするから助けてください」。サイト上でこうした行為があることは、知っていた。彼女の唯一の青春の象徴とも言える「iモードの掲示板」でも似たような書き込みはあったし、児童養護施設にいた頃には同級や先輩の少女にテレクラ遊びをしている者が少なからずおり、「よく無外（無断外泊）して先生に叱られてましたし」と言う。

「最初の人は、値切られて5000円だった。出会い系って言っても、いろいろな人がいるよ。身の上とか子供のこと話したら黙って3万くれた人もいたし。変なクスリ飲まされて縛られて、寝てる間に中出しされたこともあるし、殴ったり蹴られたりしたことは数え切れないぐらいある。私、可愛くないからね」

聞けば離婚といっても、正式に籍が抜けたわけではない。元夫が出ていって連絡不通になっただけだ。生活のことを考えると、自分が我慢していれば良かったような気にもなる。戻ってきてほしいとも思うし、かといって夫が戻ってきてまた子供に暴力を振るわれるのかと思うと、今度は不安になる。同じ公営住宅に住み続けているのは危険ではないかと、居てもたってもいられなくなる。精神的に不安定な状況は続いた。

夫が出ていってから2ヶ月で10人ほどの男と出会い系サイトを通じて会い、なんとか携帯電話とライフラインの支払いは確保したが、同時に元々抱えてきた希死念慮が一層酷くなった。

「なんかね、私の中にスイッチみたいのがあって。生きるのがつらい、早く死にたい。そう思うと心に『死ねスイッチ』が入って、とにかく自殺しなくちゃいけないって気持ちになるんです。つらくてつらくて、それでM市内の精神科に行って、でも凄く待たされて、ちょっとしか話聞いてくれなくて、あと薬もらうだけ。サイトで会った男の人と入ったラブホテルの中で手首を切っちゃったこともあります。あんま覚えてないけど、警察呼ぶぞって言われました。なぜ？　あとデパートの踊り場のベンチで精神科からもらったクスリでOD（過剰摂取）したときは、半日デパートのトイレで吐いて、家にどうやって帰ったか覚えてない。よく生きてたな私。泣き叫ぶ子供たちの前で（手首を）切っちゃうこともある。それがどんなに子供にとってショックなことか分かっていても、そのときは耐えられないんだよね。未遂やっちゃったあとはもう、謝るだけ。駄目なママでごめん。ごめんねって」

もう、落ちていく一方だ。精神科に通うにも金はかかる。自宅を訪れた民生委員が、夫の扶養で期限の切れた健康保険証から国民健康保険に切り替える手続きをしてくれたが、精神科や子供を連れていった病院で窓口での支払いはしても、保険料は一度も払っていない。

「請求書（督促状）が凄くて、保険証も短期なんとか（短期被保険者証＝有効期限が短いが負担額は3割）になっちゃって。これほっとくと医療費が全額負担になっちゃうの。そうやって民生の人に脅されて、焦る。でも正直言うと、子供連れてった病院とか、窓口でもお金払えないことあって、今度もってきますって言ってバックレてる病院もいくつかあるんですよね。ヤバいのかな。差し押さえとか来ても、うち差し押さえられるものなんか何にもないいんだけど」

最貧困女子が一番恐れることとは？

ショックだった。よくよく考えれば当たり前のことなのだが、シングルマザーで子供を抱え、誰からも経済的な援助の手を差し伸べられず、自らも稼ぐことができなければ、誰しもが加奈さんのような状況に陥りかねない。シングルマザーというものが、これほど社会的、経済的に崖っぷちの不安定な中にあることを、それまで僕は真剣に考えてこなかったのだと知った。

いや、ここまで追い込まれる前に、なんとか仕事は探せなかったのか。これほどの困窮に陥れば、さすがに公的な支援を受けることだってできるはずだ。この時点ではまだ僕もそんな甘い考えをもっていたが、加奈さんを前に話を聞いていると、そんな正論が何の意味ももたないことを痛感する。

まず彼女はメンタルの問題以前に、いわゆる手続き事の一切を極端に苦手としていた。文字の読み書きができないわけではないが、行政の手続き上で出てくる言葉の意味がそもそも分からないし、説明しても理解ができない。劣悪な環境に育って教育を受けられなかったことに加え、彼女自身が「硬い文章」を数行読むだけで一杯一杯になってしまうようなのだ。

そんなだから、離婚して籍を抜くにしても、健康保険やその他税金などの請求について市役所で事情を話して減免してもらうにしても、なんと「銀行で振込手続きをすること」すら、加奈さんにとっては大いなるハードルだった。18歳で取得した自動車免許も、更新手続きを怠って失効している。子供の小学校入学の手続きにしても、実質的に地域の民生委員が代行してくれたようだった。

通常こんな状況なら、消費者金融などでさぞや大借金しているのだろうと思ったら、なんと彼女は借金の手続きすら苦手の範疇。唯一の借金は、サイトで知り合った闇金業者を自称する男から借りた2万円だという。

「闇金さんね。貸してほしいって泣きながら頼んだけど、2万が限度だって。でもそれも、そのあとに3回ぐらいタダマンされたから、チャラかな」

滔々とその生い立ちと現在の苦境を語る彼女を前にして、僕自身が思考停止になってしまった。

この人、いったいどうすればいいのだろう。「母親失格」……そんな言葉も頭に浮かんだ。確かに彼女は何も与えられずに育ち、適切な教育も受けず、容姿にすら恵まれず、友達もいない。この苦境から脱出しようと努力しようにも、努力をするベースがない。まるで泥の上で高くジャンプしようとあがいているようだ。

そして最悪なことに、こんな状況を何年も続けているにもかかわらず、いまいち彼女が危機感をもっていないのは、どういうことなのだ。

「また会って話聞いてくれますか？」と言う彼女に曖昧な返事をし、子供たちの好物だというモスバーガーをお土産に買ってやりながら、暗澹たる気分になった。

取材とはいえ、これほどまでに困窮した人間を放っておくわけにはいかない。一歩間違えれば母子3人で餓死しかねない。彼女に自立のアドバイスをするのならば、まずは経済の建て直しだ。母親とは連絡が途絶えたままで、たとえ連絡ができたとしても支援は期待できない。となれば、まずは地元の福祉事務所に赴き、生活保護の申請をし、メンタルが落ち着くのを待って改めて仕事復帰への道を探ることだろう。

「民生さんが家に来てるなら、生活保護のこととか、少し相談してみたらどう？」

加奈さんの自宅の最寄りまで送る車中でそんなことを聞くと、彼女はしばしば俯いて黙り込み、ボソッと返してきた。

「無理。ていうか生活保護とか受けたら、絶対再婚できないって。ふたりコブ付きでメンヘラで生活保護の女とか、鈴木さんなら結婚すんの？」

それも正論かもしれないが、まず順序として経済とメンタルの建て直しではないのか。苛立ちを感じながらも、では何からなら始められるのかを聞けば、想定外の答え。「このまま出会い系を続けて一緒に暮らしてくれる人を探す」と言うのだ。

「大丈夫だよ。いままでサイトで会った人で、子供と一緒に食事さ行ってくれた人もいたもん。その人は奥さんいたんだけどね。一人暮らしで寂しいって人がいたらさ、私、行ってあげる。何でもしてあげるし、迷惑かけないもん」

方言交じりでノンビリと言う加奈さんを見れば、こんな深刻な話の最中なのに、FMラジオから流れるJポップに合わせて身体を揺らしていた。

思えば当時は、このテーマでの取材を始めた初期。僕は「彼女ら」のことを何も分かっていなかった。最優先すべきは子供のことではないのか。加奈さんは子供のことだけはしっかりやっていると言うが、現状は住居と食事をギリギリ提供できているだけだ。それで母親と言えるのか!?

だが、苛立ち紛れに投げかけた僕の言葉への返答に、一瞬心臓を鷲づかみにされたような気がした。

「じゃあいま、加奈さんにとって一番避けたいことは何?」

「決まってるよ。チエとカズ（ふたりの子供）が奪われること。あの子たちがいなかったら、私なんにも残らないもん」

このときの衝撃は、今も忘れることはできない。

こんな私でも一緒に居れれば施設よりマシ

出会い系のシングルマザーたちの取材を始める前、僕は彼女らこそが自らの子供に虐待を加えかねない人ではないかと思っていた。貧困の連鎖と虐待の連鎖。そのまさに当事者ではないかと思っていたのだ。

だが加奈さんにとって最大の恐怖は、子供たちを児童養護施設に「奪われ」てしまうことだった。実は離婚後数ヶ月の段階で、住んでいる公営住宅の家賃を滞納したことから児童相談所に連絡が入り、地元の児童委員から施設入りの打診を受けていた。そして彼女は数年にわたって、それを拒否し続けてきたというのだ。

「私自身が施設で育ったから、施設がどれだけ寂しいかよく分かってる。子供たちに聞いたんですよ、施設のこと。施設どうする？　入る？　って。泣きながら『ママと一緒がいい』って言う子を、どうして私が手放せるの？　施設に入れたら、少なくとも三食、いま子供たちに必要なものは食べさせてもらえる。私じゃ正直、三食たべさせても、栄養偏るしレトルト多いし。そんなこと分かってるもん。でも施設に預けたら？　子供は絶対に棄てられたって思う。間違いなく思う。他の大人がどんなに優しくしてくれても、施設の子はそう思うんです。寂しいから、私、子供の頃、私を叩くママだっていいから、一緒に暮らしたかった。だから私、決めてる。私、絶対に子供たち手放さないから。子供を施設にとられるぐらいなら、心中するって。それが最後だから、そこまでだから」

加奈さんが児童養護施設を絶対否定する理由のひとつは、彼女自身が児童養護施設居住時代に同居していた男子児童から強姦の被害を受けた記憶があるからだと言うが、それ以上に彼女の言う「子供たちこそが、私に残された最後のもの！」という気持ちは、痛いほど伝わってきた。児童委員は「清原さんは子供を虐待しているわけではないから、無理矢理にお子さんを保護するなんてことはありません」と言うが、それでも子供を奪われる悪夢を見ることがたびたびある。

「いま、(児童養護)施設は経済的な理由より虐待を優先なんだって。経済的にはギリギリ生きてれば、栄養失調なんかじゃない限りは、母親から子供を奪うことはできないって。でも私、本当にギリギリだから。今月も先月も、(出会い系の)レスが一本少なかったら、クリアできてない。でも、私が(手首を)切る度、抱きついてくる子供らを捨てられるはずがない。借家(公営住宅)のほうは家賃なんか半年以上滞納してるけど、授業料(※教材費?)も給食費だって滞納せずに払ってます。それは子供がいじめられるから。こんな私でも、一緒に居れれば施設より多分マシって信じるしかないじゃない」

それは悲鳴にも似た、か細い声だった。経済的にも社会的にも、既に生活は破綻してしまっている。それでも子供の手だけは絶対に離したくない。だから、出会い系で会った行きずりの男から得る金という不安定極まりないものに頼りながらでも、ギリギリの生活を続けている。全ては、子供と共に暮らすためだけにだ。

助手席に座っているこの女性を、つい先ほどまでは「母親失格」「虐待する親予備軍」

のように思っていた。だが加奈さんの言葉を聞いて、僕はすべての認識を改める必要があると思った。彼女こそが、「母親」という生き物そのものだった。

この加奈さんの言葉から、本当の取材が始まったのだと思っている。

「縄師」のもとにふたりの子供共々身を寄せる

その後の加奈さんは、相変わらず崖っぷちなのか「やっぱ大丈夫」なのか分からないような連絡をしてきてくれたが、ある日、出会い系サイトで知り合った東北の「縄師」（SMマニア）の男性のもとにふたりの子供共々身を寄せたとメールが来て、驚愕した。聞けばこの男の「弟子」に当たる女性と共に、共同生活を送り始めたというのだ。まったく意味不明だが、これは危険な状況ではないのか。そもそも縄師と弟子とはどういう関係なのか。まるで知らない世界で理解の範疇を超えていたが、そんな彼女から重要な相談事があるという。彼女がM市に顔を出すという機会に赴き、再会した。

「全然危ない人じゃないですよ。子供たちにも優しいし、先生やってる人なの、学校の。いま生活費はその人からもらってるけど、私こっちでいろいろやり残したことがあって」

半年以上ぶりに会う加奈さんは、ジーンズに白いブラウスとダッフルコート姿。髪色は黒く戻り、ずいぶんとスッキリした印象になってはいたが、やはり話を聞けば混乱のど真ん中にいた。彼女は東北に移住するにあたり、住民票を移していないのだという。子供の小学校の春休みの間に引っ越したが、ほとんど着の身着のままで夜逃げ同然で出てきたというのだ。

「あのね。子供の転校の手続きで、小学校行かなきゃ駄目でしょ。でも私、借家の家賃、9万円滞納してるんですよ。転校届出すには市役所で転出届出さないと駄目でしょ。出したら、家賃も払わないといけないんじゃないの？　でもそんなお金ない。払わないでも出ていけるの？　転出届出さずに転校できないの？　あとバイト先に黙って出てきちゃって、制服も返してないから、どうしよう。警察に被害届とか出されちゃうのかな」

彼女が手にしていた大きな紙袋の中には、バイト先の制服がきちんとクリーニングされて入っていた。

心底困った顔で眉を寄せる加奈さん。言葉はある程度しっかりしているが、もしかするとごく軽度の知的な問題も抱えているのかもしれない。そんな疑問が一瞬頭をよぎる。だが、まず大問題は、春休みが明けた後に子供を小学校に通わせていなければ、それこそ児童相談所が介入して子供を施設に入れるように強く迫られる可能性があることだ。加奈さんにとってそれが最大のピンチではないのか。案の定それを告げると「やばい！ 大変！」と真っ青になる。

この人はいつだって、子供と一緒にいることが最優先なのだ。問題まみれで、本当に面倒くさい人だが、生真面目で愛らしい面もある人だった。

「住民票の移転や子供の転校と借家の家賃はまったく関係ないから、大丈夫。バイトの制服は宅配便で送ればいいし、そんなことで警察沙汰になんかならないから心配しないでいいよ」

そう告げると、ハアッと大きなため息を吐く加奈さん。結局彼女には、もろもろの手続きの順番を書き出して手渡した。滞納家賃については同居しているという「弟子」の女性に僕が連絡し、縄師なる男性が支払ってくれるように交渉すると、即日振り込みをしてくれたようだった。この男性がどのような人種なのか、本当に安心して身を預けられる男なのか想像もつかないが、加奈さんの手首には、もう生々しいリストカットの瘡蓋《かさぶた》は増えていない。少しだけ、ホッとした気分になった。

だが、それから1年、加奈さんが身を寄せたアパートのあるT市は、東日本大震災で津波に見舞われ、市内で200名近い死者を出した。なぜ彼女にばかり、こんな不運が付きまとうのだろう。移住するにしても、なぜわざわざT市だったのか。すぐさま連絡を試みたが、彼女は携帯電話を変更したようだった。

加奈さんはいま、どうしているのだろうか。いまもまだ、子供の手を握り続けているのだろうか。

凄まじい貧困の「三つの無縁と三つの障害」

20余名の「出会い系のシングルマザーたち」の全てが、加奈さんのようなタイプだったわけではない。だが、陥った貧困の凄まじさは、ほぼ全員に共通するものだった。彼女らは僕が本書のまえがきで提示した「三つの無縁と三つの障害」の体現者だったとも言える。

まず第一に親や親族の支援を得ることができない、もしくは親も養っている状況にある。第二に、メンタルを病んでいたり、不遇な生い立ちから教育を受ける機会を逸しており、安定した職に就けない。実際、初期の取材対象（'08年11月から'09年2月まで）15名の内12名が通院中、2名が通院歴あり、その後に新たに取材をした10名中9名が、精神科への通院歴があった。ケースとして多いのは、離婚のゴタゴタで揉めている途中、もしくは離婚直後から通院というものだ。

そして第三に、公的・民間の支援に繋がりにくい事情を抱えていることだ。前記したように子供を手放すことを極度に恐れていたり、子供に対する地域の差別が怖くて生活保護などの公的支援を受けられない。ここにはもちろん加奈さんのように手続き事が極端に苦手で、納税や各種支払いが滞りがちという共通点もある。ならばせめて生活保護の同行支援に繋げられないかと、シングルマザーの当事者互助手段などへのブリッジも試みたが、ことごとく失敗した。「相談をするには自分がこれまで売春で生き抜いてきたことを話さなければならないのでは？」という抵抗もあったが、何より彼女らは女性の集団が苦手で、実際、女性集団から排除されがちなパーソナリティだったのだ。当然、女友達も少なく、子供の頃から地域や学校生活の中で孤立してきたエピソードをもつ者が多かった。

第四の共通点は、非常に強い恋愛依存体質だ。セックスを代償に現金を得るという行為は売春そのものだが、彼女らの感覚では相手の男は「客」ではなく、その場しのぎでも生活を支えてくれる「サポーター」であり、その中からもし本当の恋愛に発展できる相手がいればという、一縷《いちる》の希望でもあった。

取材と執筆に当たった時期は、おりしも民主党政権下で児童扶養手当の是非が議論され、生活保護の不正受給問題がメディアで激しく糾弾されていた。なんとか彼女らの窮状を救えないかと四苦八苦したが、ただひとりとして状況を改善に導けたケースはなかった。前向きなアドバイスをしようとすれば拒絶され、ほとぼりが冷めると「寂しくて死ぬ」と真夜中に何十通ものメールが入っていたりする。

結局書籍の執筆にしても、彼女らの窮状を描くのみで、こうすればいいという具体的な道筋のひとつも示すことはできなかった。いったい自分は彼女らのために、何をしてやれたというのだろう。執筆を終えてもう4年が経つというのに、猛烈な無力感はいまも残っている。

貧困女子と最貧困女子の違いは?

では、前章の小島さんと加奈さんの差はなんだろう。いずれも極度の貧困状態にありながら、両者の間には明確な差がある。

小島さんは確かに極度の貧困状態にあったが、それは「誰が見ても」即時救済しなければならないような状態だった。これは前述した通りだ。その生い立ちを聞いて、要所要所で適切な動きを取れてこなかった小島さんのことを批判したり自己責任論を投げかけたりする者など、ごく少数だろう。彼女が若年ホームレス状態に陥ってしまったのは、そもそも福祉行政が彼女を捕捉できていなかったからだ。高齢の路上生活者に比べて若年ホームレスを行政が捕捉しづらい理由としては、ネットカフェ等に宿泊しておりギリギリ「公園で寝泊まり」といった状況にまで陥っていないことがよく指摘されるが、だとしても彼女の痛みは可視化していたし、支援の手に繋がりさえすれば彼女は自立再生の道を歩めただろう。

一方の加奈さんはどうだろうか。彼女は不可視化された貧困の代表例だと思う。『出会い系のシングルマザーたち』の中で、僕は彼女らの陥っている状態を「隠れ破綻」と表現した。彼女らは既に経済的にも精神的にも破綻してしまっているのだが、わずかばかりの金を出会い系サイトを介した売春で稼ぐことで、必死にその破綻を隠している状態にあった。売春して毎月平均して10万円も20万円も稼げるのなら「破綻から売春の収益で脱出した」「売春がセーフティネットになった」と言えただろうが、彼女らは全員が非正規・正規の仕事でほんの数万〜十数万という月収を稼ぎながら、残ったわずかな体力で重い身体を引きずって売春の現場へと赴く。そこに生活保護受給者への差別や子供がいじめられることへの恐怖があったとしても、結果的に彼女たちは自らの手で自らの窮状や苦しみを覆い隠し、不可視にしてしまっていたのだ。

また、彼女らは売春ワーク（ワークとすら言えない状態だったが）に関与することで、やはり自ら社会の批判の対象となってしまっていた。ただでさえいまも世間には貧困状態にあるシングルマザーへの無理解と糾弾が満ち満ちている。なぜ働けないのか。生活保護を受けたり、児童扶養手当や所得税の寡婦控除などを受ければ、他の低所得層と比較しても暮らしにゆとりがあるのではないか。そもそも他に所得があるのに生活保護を不正受給しているのではないか。離婚したのは自己責任であり、頼れる人がいないのは本人のパーソナリティに原因があるのではないか。などの、彼女らの八方塞がりの状況を直視すれば、とても口には出せないはずの言葉が、世の中には渦巻いている。

そんな逆風の中だからこそ、加奈さんら「出会い系のシングルマザーたち」は、その他の貧困に苦しむシングルマザーからすらも、バッシングされかねない。これ以上シングルマザーに対する差別の材料を作らないでくれというわけだ。

痛みの大きさも、そもそもその存在自体も、可視化されていない。分かりづらい。一見すれば本人の自己責任にも見えるし、差別や批判の対象となりがちである。以上が、セックスワーク周辺者となった貧困女子が、様々な支援のチャンスや接点をふいにして「最貧困」へと陥っていく所以《ゆえん》だ。

だが、セックスワークと貧困には、さらにもっと深い闇がある。元々貧困状態になかった女性が何らかの原因で貧困女子となった場合でも、生まれ育ちからして貧困状態にあった未成年の少女などの場合でも、セックスワークの世界には彼女たちを「吸引」し、貧困の状態の中に固定していく構造があるのだ。

次章では、僕が記者人生の中で取材に最も時間を費やしてきた「貧困の中、虐待家庭に育ち、セックスワークに吸収されていった少女たち」の現場から、この吸収と固定について読み解いていきたいと思う。

第三章

最貧困少女と売春ワーク

なぜ家出少女たちは売春の世界に吸収されていくのか

拙著『家のない少女たち』と『援デリの少女たち』は、いずれも売春ワークに従事していた家出少女らをメインに取材をして、執筆したものだ。彼女らは過度の貧困やネグレクト、身体・精神・性的虐待などのある劣悪な家庭環境に育ち、親元（多くはひとり親家庭）・児童養護施設・里親・預けられた親族などの居所を自ら捨てて、路上生活に入り、そしてセックスワークへと吸収されていった。

いずれもノンフィクション作品だが、読者からの反応は二極化した。児童福祉や女性の貧困の支援の現場にいる読者からは「普段接している少女らのリアルが分かった」「ぬるい。もっと酷い貧困のエピソードだってたくさんある」というもの。一方でそうした世界に縁のない読者からは「これは流石《さすが》にファンタジーではないのか」「こんな貧困が日本にあるものなのか？」といったものだ。後者の反応のほうが、意味のあるものだったように思う。

もちろん拙著は全て取材を元に執筆したもので、売春と路上生活の現場にいる少女らの言葉とエピソードをできる限り正確に反映したものだ。だが、彼らの疑問は、容赦ない。

なぜ家出生活を送る少女の多くが性風俗・売春の世界に吸収されていくのか。他にも道はあるだろうし、結局は自ら選んだことではないのか。だいたい、そこまで過酷な環境で育った少女なら、その前に警察や福祉行政が捕捉しているはずではないのか。ワークとしての性風俗業は、一攫千金の勝ち上がりのチャンスでもあるはずだが、それで貧困から抜け出せないなら、稼いだ金は何に使ってしまったのか。さらに遡って、たとえ親の貧困があっても、虐待があったり、児童養護施設育ちだったりしても、全ての少女が家出少女になるわけではないし、中には施設から高校、大学に進学して一般企業へ就職するケースもある。「そうまでして頑張っても結果貧困」というケースが問題化しているのに、頑張る前に逃げ出した少女が貧困に陥るのは自明の理だ。それは「本人が望んだ」「自己責任」ではないのか。

少女の置かれた状況に対してまったく理解がないからこその声だが、こうした容赦ない指摘こそ、意味がある。少女らの生きる現場を、ひとつひとつ見ていきたい。

「非行少女」から始まる

まず第一に、イメージの補正をしたい。本来の居所を飛び出して家出生活に入る少女たちは、一見して「見るからに可哀相な、怯えた少女」だろうか？　多くの場合、それは誤った認識だ。彼女らは、基本的に「非行少女」だった。

僕の勝手に作ったキーワードに「おにぎりとコスメ」がある。これは、取材をした家出少女ら（少年も同様）の多くが、過去の小学生時代などに、万引きの経験があったり常習犯の過去をもっていて、その盗んだ商品がおにぎり＝食品と、コスメ＝化粧用品だったことから考え付いた。

憐憫の要素はある。おにぎりを盗んだという経験は、そのものが虐待とネグレクト、そして貧困の象徴だ。叩かれる家に帰りたくない。家にいても親は帰ってこないか、食事を作ってくれずに寝ているか、食品が何も家にない。学校に行っていたとしても、帰り道は切ないだろう。

「夕食を作る美味しそうな匂いのする住宅街を一人ぼっちで歩いて、寂しくてつらかった」

こんな昭和の漫画や映画みたいなエピソードは、僕の取材してきた虐待歴のある少年少女らに共通するいわゆる「あるある」体験だ。

大きな寂しさと疎外感を抱えた中、身近に似たような境遇の子が数名もいれば、彼女らは寄り添って集まる。そして、一番居心地がいい（親が帰ってこない・夜中まで友達が家にいても何も言われない）家を、たまり場にする。とはいえ、たまり場にも食べ物が置いていなければ、空腹は満たされない。そこに万引きが発生するのは、ある意味必然かもしれない。

ひとりで、あるいは友達と協力し合って、食品の万引きをする。まずは「おにぎり」だが、「盗んでも見つからなければ罰はない」という成功体験は、順法意識が未発達な子供にとっては麻薬だ。食べ物で成功すれば、今度は少女にとって一番欲しい、ローティーン向けのコスメやアクセサリーがターゲットになる。こうして彼女らは、常習犯となる。

取材をした少女らの中には、その経験を誇らしげに語る者も少なくなかった。例えばこんな風にだ。

「友達の弟とかが、店の奥のほうの棚の商品、ガーッて片っ端から落としちゃうでしょ？　店員とかがビックリしてそっち見てる間に、あたしらはカゴ一杯に欲しい物突っ込んで、ダッシュでレジ突破するわけ。カゴダッシュって言ってたけど、慣れたらどんな店でもやれるから」

そんなことを言った15歳の家出少女は、小学6年生の頃には盗んだコスメ商品を学校で転売までしていたという。

まるで、チームワークで置き引きをする開発途上国のストリートチルドレンだが、腹を減らした子供が道を歩いているのを見て「どうしたの？　何か食べる？」と言ってくれる大人がいない点で、日本も開発途上国も同じだ。

当然、こんなことを繰り返していれば何度も補導されるハメになり、地元の警察や児童相談所の「有名人」「札付きの悪ガキグループ」になる。この時点で、虐待などの被害者だった彼女らは、窃盗の加害者側に転じてしまう。

このカゴダッシュ少女の場合は、小学校時代に既に虐待する親から分離されて児童養護施設で育っていたが、施設では同年代でも「万引きする組」と「しない組」にキッパリ分かれていたという。そしてそれがそのまま、義務教育終了時に「施設を出る組」と、高校進学を目指して「施設に残る組」にシフト。この時点で、既に不遇な少女らの中にも分岐は始まっているわけだ。

「制度の無縁」の萌芽

だが問題は、その補導時の対応だ。基本的に、警察の少年課や地域の少年補導委員、児童相談所などは、万引き少年少女の補導時には親や施設の先生などの保護者を呼び出すという、杓子定規の対応しかしないことがほとんどだ。確かに少しは話を聞いてくれるから、少女としても「この人は頼れるのかも」と淡い期待を抱くが、最終的な対応である「保護者の呼び出し」「虐待する親のいる家や居心地の悪い施設への送還」は、彼女らにとっての裏切り行為となる。これがいけない。

子供にまったく興味のない親であれば呼び出しを無視し、子供はいっそう寂しさを募らせることになる。虐待をする親であれば、呼び出しはさらに虐待をエスカレートさせるキッカケだろう。小中学校や児童養護施設等の先生といった保護者の代理にしても、万引きを繰り返して年中呼び出しを受ければ、子供にキツく当たらざるを得ない。

これは、居づらい環境を少しでも逃れようとする「短期・近距離」での家出でも同じことが言える。万引き同様に児童の深夜徘徊、ゲームセンターなどでのたむろ行為もまた、補導対象行為となるが、その補導時の対応は上記と同じ。小中学生であれば行動範囲はたかが知れているから、地元での短期間の家出や徘徊、補導、徘徊、補導を繰り返すうちに、彼女らはすっかり「地域の非行少女」のレッテルを貼られてしまう。

こうした少女らに対するその他の「大人の接触者」としては、地元の児童委員や児童相談所職員、スクールカウンセラー等々もいるが、彼らの多くが虐待や貧困の特効薬ではないし、子供の保護に際して「親権者」という強い権利者に対する強制執行権を持たない。実際に虐待で大怪我をするまで介入できなかったり、大怪我をしても介入できなかったり……。

結果として彼女らは、自分の置かれた状況を「根本的な解決」に導いてくれない「制度側の人間」に対して、大きな不信感と敵対意識を育ててしまうことになる。「大人」は頼れない。「大人」は何もしてくれない。

この感情が実は、その後の人生をも左右するものになってしまう。

予備期間

以上は僕が取材してきた家出少女の多くに共通する幼少体験だが、こうして少女らはまず地元で近しい境遇にある者同士で同年代コミュニティを作る。貧困の要因である三つの無縁でいえば、「家族の縁」（親の縁）が虐待などで断たれ、「制度の縁」が地元児童福祉の不整備などで彼女らの求めるＱＯＬを満たせなかった分、その寂しさや欠乏状態を「地域の縁」としての同年代コミュニティで補ったわけだ。

だが実はここで、大きなどんでん返しがある。こうして地域の縁の中に吸引された少女らが、なぜか売春ワークへと取り込まれてしまうケースがあまりに多いのだ。というのも、そうしたコミュニティでは年長者の中に既に売春・援交行為をしている者が少なくない。家出生活ほどの経済的な逼迫状態にはないものの現金には飢えているため、はじめは「売り子」として下着を売ったり、先輩から紹介された男相手の売春をしてみたりもする。もちろん初めては怖いので「友達や先輩と一緒に」というのも典型的なケースだ。

発展してこれが、年長者が年下の少女に売春客をつける「援デリ業」となるケースもある。援デリとは組織売春の形態のひとつで、「打ち子」と呼ばれるスタッフが出会い系サイトやＬＩＮＥ・カカオトークなどのＳＮＳツールを使って「援交少女を装って男性募集」をかけ、アクセスしてきた男に少女を派遣し、セックスの代償として渡された金の一部（3〜7割）を打ち子が徴収するというもの。地元の先輩が打ち子をして後輩少女に客をつけるのは数ある援デリ業者の中でも零細規模だが、残念なのはここに「支配と搾取」の構造ができ上がってしまうことだろう。

中学1年生のときから先輩グループのつける客を取っていたという少女の話は、凄惨だった。

「やっぱはじめ、下着じゃん？　学校一応ちゃんと行ってたんだけど、昼休みとかに3年の携帯持ってる先輩がうちのクラスに来て『今日仕事あるから用意しとけよ』とか言ってくるの。慣れたら本番でって言うけど、あたし中1のときって生理まだなかったし、無理無理って言って。じゃ生理始まるまでプチ（本番行為を伴わない）で手とか口でやんなよって。お金も半分は先輩が持ってく。最初、半分でも貰えたら凄いって思ってたし、実際1万とか2万とか手に入ると超テンションあがった。けど、生理始まって本番じゃん？それ楽じゃないし。でも休みたいとかで休めないし、でも抜けるとか絶対言えない。先輩の先輩が18歳でヤクザやってる男と付き合ってたりして、名前出されたらやっぱヤバいって分かるじゃん？　実際、あたしと同い年の子とか、バックレてヤキ入れられてたし。中1の頃は月に2回ぐらいだったけど、中2のときは毎週1本は客とってた」

だがこの少女もまた、自らが中学3年生になる頃には、自分でも客を取りつつ後輩少女らに客をつけるようになっていたという。彼女に客を押し付けた先輩グループもまた、その先輩から客をつけられてきた歴史がある。

自分がそうされてきたから、自分もそうするのが当然。これが少女らの理屈だ。

関東某県少女売春団地

まるで「売春中学校」だが、その背景には壮絶な貧困があった。この少女は母子家庭の一人っ子だったが、母親は精神疾患で1年の内半分は入院し、彼女は近くの公営団地に住む祖母のもとに預けられていたと言う。まだ50代前半という若い祖母だったが、この祖母も生活保護受給者。そして、中学で歴代売春を続けてきた先輩や同級生もまた、この公営団地に住む少女らばかりだったというのだ。

「元々さ、その団地がヤバいんだよ。とにかく人がたくさん死ぬの。自殺とか、火事とか、子供の頃はガス爆発みたいのもあったし。保護（生活保護）も多いから、同じ小学校でも団地から通ってる子は違うみたいな目で見られるし、実際全然違う。塾とか行く子いなかったし、むしろ小学校から学校サボってゲーセンとか行く子多いし。あたしもそうだったけど」

この少女への取材は2012年で、彼女が17歳のとき。ということは、団地の先輩後輩で売春中学校状態を作っていたのは、'07年頃ということになる。この地域の貧困というものが想像もつかなかったが、実際にその公営団地に赴き、そこで見た光景は、「唖然」としか言えないものだった。

関東某県、その県の県庁所在地に直通する県道沿いに、少女の育ったというK団地はあった。団地とは言っても多層階の集合住宅ではなく、2階建ての住宅が5棟ほど連なった長屋型だが、最後に外壁塗装をしたのはいつだろうかというぐらいに錆水で汚れた住宅には、ベタベタと大量の政党・議員のポスターが貼られている。込み合って建てられた住宅の間の通路は舗装もされず砕石敷きで、折からの雨で深い水溜りができていた。

玄関前の狭い敷地を耕して家庭菜園にしている家があったり、そのスペースに建築基準法上明らかに違法の掘っ立て小屋を建てているところもある。裏手には、ホイールが全て外されたまま雑草に覆われて朽ちてゆく昭和の車や、不法投棄されたテレビやソファ。そんな中を、昼日中からノーヘルで原付に乗った半裸の老人が爽やかな顔で走っていく。そのナンバープレートには、本来強制加入で加入していなければ重い罰則もある「自賠責保険」のシールが貼られていなかった……。

これが、2012年時点の日本（しかも首都圏と言っていい）の現実の風景だということが、しばらくピンとこなかった。これではまるで、昭和時代を再現した映画のセットだ。だがこれが、この少女が「棄てた」地元の風景だった。

果たしてこのエリアでは、どれほど昔からこうした貧困と売春の連鎖があったのだろうか。

「家出」は我がままでなく「避難」

本筋に戻そう。これは、貧困や虐待の中で育った少女らが、小中学校や初潮を迎える以前という段階で、既にセックスワークに取り込まれているパターンだ。実際、未成年が未成年少女に客をつけるという売春事件では、このような生い立ちが不遇な少女らのコミュニティが背景にあることが多い。

だが実は、そのコミュニティに居続けるほうが、まだマシかもしれない。というのも、支配と搾取の構造に絡め取られていたとしても、その「地域の縁」が断たれない限りは最低でも同世代の互助（第一章のマイルドヤンキーのような）の中にあるし、固定した住所を持っていればたとえ低所得でもセックスワーク以外の仕事に就く機会もある。一方で、僕の取材してきた「家のない少女」たちは、こうした地元コミュニティからも排斥されたり、または自ら縁を絶って、都市部の路上に飛び出してきてしまった少女らだった。

ここで改めて、少女らが路上に飛び出すことを「我がまま」「自己責任」などとする言説を、徹底的に封じておきたい。彼女らの行動は、決して我がままによるものだけではない。例えば「虐待」といっても身体・精神・性的なものと様々だが、言葉の上っ面だけで考えると、大きなミスリードを招いてしまう。読者の具合が悪くなることを承知で例を挙げれば、僕の取材した家出少女らの中には、親に加えられた「傷害の痕跡」を残した者も少なくなかった。

普段は量の多い髪の毛に包まれて分からないが、触ってみると側頭部が大きく陥没している少女がいた。これは重い食器で殴られて頭蓋骨を陥没骨折し、その後に医者にかからなかった痕跡だ。「ジャンケンができない少女」というのもいた。彼女は親によって指を手の甲側にへし折られ、何年経ってもいくつかの指を握り込むことができないのだ。「パーしか出せないから、チョキ出されたら100パー負けますね」と笑って言う少女に、何も返す言葉がなかった。ただただ、取材帰りの車の中で涙が止まらなかった。

熱湯をかけられたためか、一部分が脱毛している少女もいた。手に包帯とサポーターを巻いていた援デリの少女は、子供時代に実母に3度も骨折させられたが、家出間際にその母親を気が済むまで殴って出てきたばかりだと言う。手の包帯は、あまりに殴りすぎて自分の手も骨折してしまったということだった。

どれほど目を背けたくなることでも、信じたくないような残虐でも、これが虐待という言葉の「具体的な内容」であり、彼女らの身体に刻まれた「証拠」だ。家を飛び出したのは「本人の選択」として「もうちょっと我慢すれば」というような言葉を軽々しく吐く者は、同時に加害者と変わらないと僕は思っている。

「路上」に出てから……

さて。そんな生い立ちで路上に飛び出す少女たちにも、いくつかのパターンはある。まず、もう本来の居所には戻らないと本気で腹をくくった彼女らの飛び出す先とは、補導員の顔が分かるような地元やその近隣エリアではなく、そのエリアの中核都市や、東京・大阪・名古屋といった大都市の繁華街。だがこの行き先に、先に地元を出た友人や先輩、兄弟や従兄弟などの親族、ネットで知り合った男女など、あらかじめ受け入れ先があるケースは意外に多い。これはいわば、生育地とは別のエリアでの「地域の縁」を得たと言えなくもない。

また、元々その中核都市で活動する援デリグループなどに接点を持ち、そこで働くことを前提に家出をしてくるケースも少なくない。地元同年代コミュニティの売春組織から、都市部のそれに「移籍」するわけだが、これも前述のケースと近しい。

だが問題は、そうした縁を全て断って衝動的に大都市部へと飛び出すケースだ。なぜなら彼女らは、自らが望む望まないにかかわらず、非常に高い確率でセックスワークへと吸収されていく。これはどうしたことなのか？　ここでまたひとつ、想像力を働かせてほしい。

彼女らは、地元からあまり外に出たこともない、10代前半から中盤の少女らだ。何度か短期間の家出で都市部に出る経験を積んでいたとしても、最初はそれこそ「電車の切符の買い方がよく分からない」ということすらあるし、目的地にたどり着くための路線図の見方も分からなかったりする。誰もが少年少女時代にそうだったように、彼女らは「知らないことが当たり前」で「世の中には知らないことのほうが多い」子供に過ぎないのだ。

そんな彼女らが路上に飛び出せば、どうなるだろう。

自らの少年少女時代に置き換えてみれば分かると思う。それは、巨大な不安と恐怖の塊だ。取材したケースでは、まったくの無一文で飛び出してきたというケースはむしろレアだったが、「手持ちの現金を使ってどのように生活を維持するかは分からない。どうやって、どこに泊まれば補導されて地元に強制送還されないのか？　宿泊にはいくらお金がかかるの？　バイトってどこで探すの？　履歴書ってなに書くの？　どうしようどうしよう。

何もかもが分からない」。

　少女らの中には、過大なストレスから急性の胃潰瘍となったのか、公衆便所で吐血したという者もいた。過換気症候群の発作を起こして倒れたというケースは結構頻繁に聞く。家出少女を集めた「全寮制」の援デリの取材をした際には、路上生活から寮生活に入った少女らに、同時に生理が来たというエピソードもあった。どの少女も家出生活中は月経が止まってしまっていたが、多少は安心できる寮に入った瞬間に、一気に生理が来てしまったというのだ。彼女らの置かれた状況は、いわば「戦乱の中を逃げ延びる子供」に近しい。どれほど巨大なストレスの中に少女が生きているのかが分かるエピソードだった。

　誰かに助けてほしいが、彼女らは「制度の縁」とはそもそも相性が悪い。行政や警察には絶対に頼れない理由は前述したように、彼女らには「公的なものに頼っても何も解決しない・奴らは信用できない」という強い不信感や敵対意識が染み付いているし、実際に頼ったとしても扱いは「保護・補導」となり、強制的に地元の児童相談所に送還されることとなるからだ。

　少女らの置かれた状況は家出人だが、その実態は「逃亡者」に近く、街は戦場なのだといえる。

加えて、彼女ら家出少女を取り巻く状況は、近年急速に過酷になっていった。僕がこうした取材を始めた初期では、都市部を中心とした「プチ家出ブーム」があって、春夏の休み中などは深夜の路上に徘徊しているだけで、同年代の少女と知り合える状況があった。知り合った少女の家に短期間泊めてもらったり、そこで彼氏を作って同棲に発展したりと、そんなケースも多く聞き取れたものだ。だが、'00年代中盤から次々に施行された法規制が、彼女らを追い詰めた。

未成年が深夜に立ち歩くことを規制する、通称「徘徊条例」。少女らにとって夜をしのげる場であったネットカフェもまた、深夜の未成年入店禁止と、入店時の身分証確認などを強化した。家出少女の唯一の通信インフラだったプリペイド携帯もまた、身分証を提示しなければ購入できなくなった。'05年頃には、大都市部で家出少女が補導や職務質問を回避して路上生活を続けるのは、相当困難になったといえる。

要するにこれは少女らに本来あった「困窮状態を緩和するインフラ」を制度側がカットしたともいえる。そんな状態で、少女が求めるものは、なんだろうか。

それはまず、補導などに怯えずゆっくり寝ることができる「宿泊場所」、その宿泊や食事を確保するための「現金と仕事」、現金を得るためのツールとして不可欠な「携帯電話」、そして「隣にいてくれる誰か」だ。ここに、家出少女らがセックスワークへと吸収されていく理由がある。彼女らの欲しい物のほとんどを、行政や福祉は与えてくれない。だが実はセックスワークは、彼女らの求めるものを彼女らの肌触りがいい形で、提供してくれる。

これが、長期間大都市部に家出する少女らが高確率でセックスワークに吸収というか、「捕捉」される理由だ。

路上のセーフティネット

まず、大都市の路上を彷徨《さまよ》ったり街角に座り込む少女には、実に様々な人々が声かけしてくる。一例が、明らかに買春目的の成人男性だが、他にもホスト、スカウト、ナンパ師、居酒屋キャッチなど路上に常駐する人々。さらに、場合によっては風俗嬢や水商売系など家出少女らと近しいエピソードをもった女性が「こんなとこ居たら補導されるよ」と声をかけることもある。

孤独と不安と混乱の只中にある少女らにとって、こうした接触者は一種「拾う神」に見えるかもしれない。だが、少女がここで本気で家出生活を継続し、地元に戻る気がないと相談したらどうか。ここに、セックスワークへの道が開ける。

まず買春目的の男やナンパ師などだが、大前提として少女らにとって売春とは、現金を得ると同時に「一時の屋根を確保」する手段だ。僕が取材した中には、宿泊場所として売春相手と泊まるホテル、ナンパ師や買春男や泊め男（ネットを介して少女を家に泊めてくれるオファーをしてくる男）の自宅というケースが相当数あった。ラブホテルに泊まるために、ほぼ365日毎日売春（しかも姉妹で）していたという滅茶苦茶な少女の話もあったが、これは途轍もない苦痛の日々だ。苦痛だが、最低限「その日の宿」はここで確保できる。

次に最も善意の理解者である風俗嬢や水商売系などの女性は、少女らを一時的に自分の部屋に泊めてくれることが多いが、実の娘や妹のように「養って」くれはしない。自らの食い扶持は自らで稼ぎ、少しは家賃を納めることを要求してくる場合もある。同じくシビアな世界で生きてきたからこその感覚だが、ここで彼女らは少女に風俗・飲食店などで入店時の年齢確認を誤魔化すテクニックを授けたり、首都圏でも郊外にはまだ存在するアンダー店（未成年と分かっていても雇用する風俗店）に紹介することもあり、結果として僕の取材した家出少女の中にはこうした「風俗嬢と同居でミテコ（年齢詐称）風俗嬢」というケースも相当数あった。彼女らは宿泊場所と仕事を得るためのテクニックを授けるわけだ。

一方、スカウトやホストが未成年の家出少女と接触することは、彼ら自身にとって「リスクのある先行投資」という意味合いが強い。本来スカウト業界では未成年を扱うことはご法度で、風俗店などに未成年を入れることは上部のスカウト会社などからもキツく禁じられているし、ホストが自らのホストクラブに未成年の客を呼ぶことも基本NGだ。だが彼らには、少女が18歳になったときに風俗店などに送り込み、そこから金を回収するという将来的展望がある。結果として、一応「彼氏彼女になった」という体《てい》で風俗嬢同様に自宅に匿ったり、アンダー店や違法な援デリ組織を紹介するところに落ち着く。

また、風俗嬢・スカウト、ホストやナンパ師で、本来の業務で十分に稼げていない者の中には、こうした少女と接点を持った時点で、この少女を使った援デリを開業するケースも少なくない。典型的なケースが、路上に彷徨っていたときに声をかけてくれたスカウトやナンパ師と「彼氏彼女」になり、彼氏がつけてくれた客と売春する「打ち子ひとりキャストひとり」の援デリが発生するというもの。その少女が現場を上がって自らも打ち子となって、知り合った他の家出少女などにも客をつけるようになれば、立派に売春組織ができ上がる。

これは前述した「売春中学」と似た、使われる者が使う側に回るケースだ。元家出少女の援デリ経営者となれば、家出状態に入ったばかりの少女らの抱える問題や痛みに対する理解はこれ以上ないほどに深い。こうしてできた未成年家出少女をコアとする援デリは、路上の接触者の中でも最も吸引力の強いセックスワークとなるわけだ。

「家出なの？　他に同じ子いるよ！　アンダーOKだし稼げるし泊まる場所も用意できるから、うち来なよ」である。

中には、自らが名義人となって契約した携帯電話を貸与してくれる者も少なくない。これは援デリ等の仕事で絡んでいたり、将来的に一般の風俗に送り込むことを目的とする者からすれば「繋いでおく」「飛ばないようにする」という意味づけがあるが、ひとまず家出少女たちは、ここで「宿泊・仕事と現金・食事・携帯電話」などを確保できるわけだ。

路上に彷徨い、現金収入のあてもない家出少女らの側からすれば、彼らセックスワークの周辺者は、いわば「路上のセーフティネット」だった。ここで忘れてはならないのは、本来の居所から飛び出してきて、もしかしたら保護者から捜索願を出されている可能性もある少女にとって、自力で賃貸住宅を契約したり、自分名義の携帯電話を入手したり、履歴書に住所を書かなければならない一般的なアルバイトをすることは、ほぼ不可能だということだ。彼ら「路上の支援者」はこうした少女らの状況を、よく理解している。そして言うまでもなく、彼らは少女を地元に強制送還しようなどとはしない。彼らは最終的に搾取者になろうとも、少なくともこの時点では少女らにとって非常に肌触りの良い、私的なセーフティネットを提供してくれているのだ。

フル代行業者とは何者か

少々蛇足になるが、大都市部の性風俗業界の周辺には「フル代行業者」なる業者がいることも、付記したい。これは風俗業関係者にも知らない者がいたぐらいなので、非常に限定的な存在なのかもしれないが、いわば「路上のセーフティネットを業態化した者」である。

通常セックスワーク周辺で「代行業者」と言えば、ワケアリで保証人が用意できなかったり風俗勤めを隠したい女性のために、賃貸保証を手配してくれたり、入居時の属性審査に必要なエビデンス（過去収入の証明）を捏造してくれたり、アリバイ業務（架空法人から給与明細を出したり電話で勤務確認に応じる）をする業者のことだ。これに対し、フル代行業者と呼ばれる者たちは、健康保険証貸し、賃貸住宅における名義貸し、携帯電話やポケットワイファイなどの通信インフラのレンタル、未成年向けには年確ツール（風俗店面接時などに年齢確認を誤魔化すためのもの）のレンタルや融資（闇金）業務まで、いわば住所不定状態にある女性が求める全てをお膳立てしてくれるというのだ。

彼らの正体は、いったい何者なのか？　実はこれ、スカウト関係者が個人的にサイドビジネスとしてやっているケースが多いようで、違法性をはらみつつ収益性の高いビジネスでもある。例えば携帯電話のレンタルの場合、フル代行業者は自分名義で契約した携帯を女性に貸与する代わりに、初回に保証料として3万〜8万円程度（機種による）を預かり、その後も通話料に加えて貸与料を月額８０００〜1万円ほど徴収する。キャリア3社から各5本の回線を契約すれば、固定収入は15万円近く。貸した先の女性が料金を支払わずに飛んでも、ＳＩＭカードの紛失届と再発行手続きをすれば、持ち逃げされた携帯電話は即通話できなくなるし、それ以上料金加算されることもない。

賃貸の名義貸しについても、自らが（もしくは知人の風俗嬢などが）契約した賃貸物件に住まわせる代わりに、本来家賃に上乗せした形の家賃を徴収するだけ。やはり家賃を払わずに飛ぶリスクはあるが、それを回避するために「シェアルーム」形式で2名の女性を同居させるようにし、一方が飛んだ場合は残った女性に家賃全額を請求する。賃貸の又貸しは「契約違反ではあるが罰則はないし違法でもない」と代行業者は言う。

いずれも風俗業に勤める女性の収入を前提にしているが、「スカウト関係者のサイドビジネス」と前述したように、各種料金は女性が勤める風俗店と女子給の天引き形式の契約を結ぶことで、回収が担保される。個人規模でやるには、かなり収益性の高いサイドビジネスというわけだ。

一方で未成年対象にまで手を広げるフル代行業で特筆すべきは、やはり健康保険証貸しや身分証のレンタル、そして金融業務が入っていることだろう。前述したが、大前提としてスカウトを取りまとめるスカウト会社等では、未成年を扱うことがご法度中のご法度となっているが、個人的に支援する場合まで口出しはしない。

実はこのタイプのフル代行業者は、「スカウト業兼闇金業」が正体という場合が多いようだ。18歳未満で住所不定となれば、どこも金を貸してくれないのは当然だが、彼らは比較的低金利で少女らに融資をする。最終的には少女が18歳を超えて風俗店などで働けるようになった際、スカウトバックや店からのバンス（前借）で回収することが目的だが、いわばこれは将来風俗嬢になる少女の青田買い、囲い込みというわけだ。金融以外の業務については、いわばその囲い込みをより強固にするツールと言えるが、これが皮肉にも家出少女らにとって非常にニーズの高いサービスとなっている。

例えば住所不定の逃亡状態にある家出少女にとって、病気は大敵だ。だが、彼女らは売春というワークの中で常に性感染症リスクにさらされている。また、これは僕の印象に過ぎないかもしれないが、そもそも虐待やネグレクトの環境に育った少年少女はとにかく非常に身体が弱い。よく見れば、とてつもなく寒い冬にメチャメチャな薄着をしたり、大雨の中を傘もささなかったり、単一の好物のみをずっと食べ続けたりと、いわば自己管理がまったくできていないのだ。思えば、自らの身体を壊さないようにという自己管理の教育は親の愛情そのもの。彼女らが成育期にそうした教育を受けていないことが何より切ないが、加えてちょっとしたことで暴力沙汰に巻き込まれて怪我をすることも多い。

入院を伴うような大きな怪我や病気なら言わずもがな、彼女らは病院のお世話になる機会が結構多く、そこでほんの数千円程度で他人名義の健康保険証を貸与してくれる代行業者に大きく依存することになる。

身分証の貸与については、いわゆる年確回避ではなく、ネットカフェ泊や、路上の職務質問時に対応するためのもので、取材をした少女らの中には、他人の原付免許証の顔写真だけ挿《す》げ替えたもののコピーを持っている者もいた。代行業者が数千円で作ってくれたのだというが、レンタル「タスポカード」まで持っていたのには思わず噴飯した。どこまで行き届いているのだろう。

これらはいずれも代行業者が他の成人風俗嬢などからの貸与を仲介しているだけで、ここに大した収益性はない。やはりあくまで、少女の囲い込みが目的ということになるだろう。取材した長期間の家出状態にある少女らの中には、他人名義の携帯電話を有償貸与されている者がとにかく多かった。「病院帰りだ」といって見せてもらった健康保険証が、中国人女性名のものだったこともある。

「業」としてではなくとも、あくまでスカウト業務の一環として個人的にこうしたレンタル業務をやっているケースが多いのだと思う。そして最も注目すべきは、こうしたサービスが面倒な書類の手続きや身分証明などを一切必要としないことだろう。路上生活という困窮状態にあり、そもそも手続き事を苦手とする少女らにとって、それは何よりも「肌触りがいい」ものなのだ。

セックスワーク周辺者と家出少女の親和性

このようにして、現代の大都市部には何も持たずに路上に出てきた未成年の少女らに対し、最低限の生活のインフラを整えてくれる存在がある。それはセックスワーク周辺に集中しており、その他の業界周辺で同じ光景は見られない。これは、それこそ戦後の戦災孤児少女にとって赤線などの売春産業が生き抜くための糧となった頃から、貧困と性産業が常に隣接していた証左であり、名残なのではないかと思う。

そして最後に指摘すべきことは、実はこうした「路上の支援者」には、元々家出少女らと非常に親和性の高い特質があることだ。家出少女ら同様に生い立ちの複雑な風俗嬢や水商売系女性が家出少女の理解者であるのは分かりやすい理屈だが、実はスカウトやホスト、ひいては買春男までもが、少女らと一定の親和性を持っている。

例えばスカウトやホストは、元々親の貧困や虐待など、複雑な家庭環境に育った者が多い。いずれも学歴や前職不問で、就業に資格条件はなく、本人の努力次第で自立の道筋がつけられる業種。いわば「歓楽街の肉体労働」だが、不遇な生い立ちを持つ少女らにとっては「初めて出会った私と同じ痛みを持った人」と感じさせるシーンも多い。

また、スカウトはいわば「共闘者」であり「戦友」という位置づけがある。女性を風俗・飲食店に紹介し、その女子給から10〜15パーセント程度のスカウトバックを受けるスカウトだが、彼らは搾取者である一方、店側の待遇改善、トラブル時の対応、移籍交渉などで身体を張って女性の権利を守る立場にもある。メンタルが不安定になれば相談にも乗り、出勤時間に起きられなければモーニングコールし、「一緒に頑張って稼ぎ抜けよう！」とモチベーションを高める。きれいごとばかりではないが、スカウトは女性にとって、共に夜職の世界で勝ち上がるパートナーという側面も持っているわけだ。

一方でホストクラブ、メンキャバ、サパーの男子従業員で典型的なのは、「病み営業」だ。いわゆる「メンタル病んだ男子」を装って女性客を取り込む方法だが、実際彼らの中には家出少女らと同じような悲惨な成育歴を持っていて、「装い」ではなく本格的にメンタルを病んでいる者が少なくない。手首がリストカットでザクザクだったりもする。家出少女からすれば、こうした男子との出会いは「運命」。同じ痛みを抱えた者同士で依存し合い、「一緒にいてほしい」とか「今晩一緒にいてくれないと俺死んじゃうかもしれない」などと言われれば、少女としてもこれ以上承認欲求が満たされる経験もないだろう。

経営側からすれば、病んだ男子と女子が惹かれ合い、そこで「会えるのは基本的に店」という縛りだけつけておけば、自動的に店に金が落ちるシステムでもあり、いわばこれがホストの経済学なわけだが、孤独の中にある少女らにとって「今晩、私が一緒にいたおかげで、あなたは生きていられた」というのは、代え難い成功体験だ。

最低最悪のセーフティネット「買春男」

最悪なことに実は「買春男」もまた、少女らにとって理解者になることがある。様々なタイプがいる買春男だが、取材を通じて分かったのは、彼らの中にはかなり高所得層で、知的にも高い水準の男が少なくないということだった。買春事犯の報道を見ていても分かることだが、例えば東京在住の男が北海道で行った買春事件で逮捕されるケースなどを耳にしたことはないだろうか。彼らがわざわざ遠い土地に行くのは自分の生活圏からできるだけ離れたいという心理（犯罪だから当然）だが、考えればそれは彼らにそれだけの可処分所得があるということなのだ。中には毎週末、首都圏から大阪・名古屋・福岡・札幌・沖縄にまで足を延ばしている買春男もいた。

なぜそうまでして未成年の買春にこだわるのか？　取材対象の家出少女を紹介してもらう目的でこうした買春男にコンタクトしていた時期があったが、そこから見えたのは、意外な彼らの心理だった。

彼らにとって家出少女の性を買うことは、一種の自己実現となっていた。いわば彼らは「にわかカウンセラー」なのだ。「これこれこういう風に女の子の話を聞いてあげたら、女の子は感動した」という話を自慢げにする。少女らの境遇に一定の理解を示している自分にも満足・陶酔している。そこには選民意識もあり、「自分らだけが彼女たちの苦しみを知っている」「精神的・金銭的なサポートをし、何らかの力になっていっている」「児童福祉の人たちより、僕たちのほうが、よっぽど子供の貧困現場を、女の子たちの本音を知っている」ということを平気で言うのだ。

ならばこそ、憤りはつのる。これは、最低の自己満足ではないか。

大人なら、やれることはたくさんあるはずなのだ。少女らの置かれている状況をそこまで分かっているなら、なぜ金を払ってセックスするのか。少女の生い立ちを聞いて涙したという買春男もいた。そこで涙を流すメンタルがあるなら、なぜ涙と一緒に精液を垂れ流し、彼女らのセックスを買うのか。

その生い立ちを聞いた結果、親権者と敵対関係があったり強烈な支配関係がある場合、個人として介入することは可能だ。もしもう戻るべき環境がないのならば、親権者と対峙し、部屋を借りてやり住民票を移動させ、そこを拠点にして自立を目指す助力となる。それが少女らに必要なことで、行政的な手続きや、親権者との問題解決・緩和・整理といったところを、まずやってあげなければいけないはずではないか。セックスしたければきちんと恋愛関係を築けばいい。

ところが彼ら買春男は、未成年に金払ってセックスした時点で、親権者と対峙しようにも「警察もってくぞ、この買春野郎」で黙るしかない。目先の性欲で動く彼らは、結局支援者になどなれないし、下手すると少女に売春相手を見つけてやる「援デリ彼氏」のほうがよっぽどマシな支援者に感じた。

殊に買春男については言い尽くせない憤りがあるために言葉も荒くなるが、いずれにせよ当事者の少女らにとって彼らが親和性の高い存在であることは、認めざるを得ない。

家出少女らのサクセスストーリー

少女らはこうして、路上のセーフティネット、セックスワーク周辺者に捕捉されることによって、最も困窮度の高い家出初期の状況から抜け出すことができる。だが、その後はどうだろうか。まずは、そのまま最悪の貧困状態から脱出できるケースから見ていきたい。

第一が「恋愛成就型」だ。援デリなど売春ワークの中に取り込まれた少女らの中から一足先に卒業するのは、まず容姿や性格的に「一緒に住める彼氏がすぐできる」少女らだった。そして相手は意外にも「援デリ客」ということが多い。

典型例が、「職人系」男子だろう。土木や建築業などで生計を立てる彼らの中には、ホストなどと同様に少女らと近しい成育エピソードをもった者が少なからずおり、仕事で大きく金が入ると出会い系サイトなどを通じて少女を買う……というより、バンバンおごってやって、エッチもするという感覚だろうか。ここには客と売春少女という関係を超えた親和性があるし、彼らはどちらかと言うとかなり「アウトロー属性」なので、援デリ業者を脅迫して少女を足抜けさせ、同棲生活開始というケースもあった。類似のものとしては「愛人型」もある。レアケースだが、部屋と月々の手当で少女を囲い込む大人の男と接点を持つパターンだ。

第二に「独立起業型」がある。これはいわば「自らが援デリを経営できる知的水準をもっている」少女らだ。前述したように、元々路上生活でできた彼氏が少女に客をつけることで発生する「零細援デリ」では、この少女が他の少女を集めて自ら経営者になるケースがあった。また、援デリ業者に雇われて働いていた少女が頭の良さを見込まれて「自分の部隊」を持つケース。働いていた少女にアウトロー属性の彼氏ができて、彼を「ケツもち」にして独立部隊を立てるケースなどがある。

第三は、「夜職デビュー型」だ。18歳未満の状態では、前述したようなアンダー店やミテコOKのキャバクラなどにもぐり込む。そして18歳の誕生日と同時に風俗店（届出済）

やキャバクラなどのナイトワークの世界に正式デビューするというもの。これは少女らにとっても自然な成り行きで、彼女らを支援するセックスワーク周辺者も望むところだろう。

こうして路上生活者だった少女らは、「最貧困少女」から脱出していく。と、言えたらどんなにか良かっただろうか……。多くの少女らを取材してきたが、こうした勝ち抜けをしていける少女らは、ほんの一握りに過ぎなかった。

落ちこぼれる少女たち

残念なことに、僕の取材してきた多くの家出少女は、セックスワークの中でも最も過酷な売春ワークの現場に居続けざるを得なかった。最も多いパターンは、援デリ組織などに捕捉され、毎日売春を続け、少し金ができた時点で身体やメンタルを壊して飛ぶ（失踪する）ケース。そして食えなくなるとまた同じ売春の現場に戻ってきて、またしばらくすると飛ぶということを繰り返す少女たちだ。

彼女らは18歳になっても売春ワークの周辺から抜け出せない。なぜなら彼女たちは「可愛くなかった」のだ。

売春からの脱出先を合法の性風俗に求めようとも、そこでも問われるのは「顔の良し悪し、胸の大小、体重の重い軽い」。ここで彼女らはセックスワークの現実に直面することになる。飲食ではコミュ力の強弱も問われるし、本番行為を伴わない性風俗業では「挿入をせずに男を射精させるための技術」も求められる。誤解を恐れずに言うならば、ここに「障害の有無」も含まれる。そしてこれらの要素は、彼女らに「安定した彼氏ができるか」の条件でもあった。つまり、ハナからこうした自己資産を持たない少女には、セックスワーク・ナイトワークの中で貧困から抜け出せるルートは閉ざされている。

となれば、路上のセーフティネットにも疑問は湧く。スカウトやホストを代表とする路上の支援者はもっと、身も蓋もない。なぜなら、いくら彼らと少女らの間に高い親和性があったとしても、彼らの差し出すセーフティネットはあくまで「その『素材』が性産業周辺で稼げる」ことを前提にしたものだからだ。

どれほど悲惨な生い立ちを抱えていようと、「デブで不細工で性格のゆがんだ少女」は、初めから彼らの救済対象にはならない。まだ見てくれが幼いうちは、援デリ業者などに斡旋したり、自ら小遣い稼ぎで買春男をつけてやるぐらいのことはするかもしれないが、彼らは商品価値のない少女に対しては、あくまでドライである。

結局のところ、こうした条件に当てはまらない少女の多くは、最底辺を彷徨い続けることとなる。

18歳を過ぎて風俗ワークに就けたとしても、労働対価と待遇の最悪な「激安店」中心。未成年だからというだけで一定の客がつく援デリも、少女らが大人びた容姿になるに従って見放しがちになる。何の支援もない中で家出し売春ワークに取り込まれ、一時は「わたしには売れる身体があるんだ！」という矜持を育てることができた少女も、「売れない自分」に病み、貧困の中に埋没していく。

最底辺の景色

いまも大手出会い系サイトの「いますぐ系」では、私的に売春をする女性と組織的な援デリ業者（18歳以上を使うものが大半だが）が混在している。援デリ業者の書き込みは、書き込み時間や募集エリアと文体などに特徴があるが、そこにはスタイルの良い今風の若い女性のプロフィール写真が掲載されている。一方で、個人募集の女性の書き込みに目立つのは「顔に自信ないけど」「ポチャですが」「激デブでもよければ」……。これでもかというほどに、自らの容姿条件の低さを書き込むものが連なる。

東京某所に、いまも立ちんぼ（街娼）がいるスポットがあるが、このスポットについてスカウト業の人間に聞いたときの反応には非常にガッカリした。

「ああ！　分かりますよ、あそこ、ブスなのにやたら化粧濃くて露出激しい服の70kgオーバーぐらいの白ブタが一杯いますよね！　足とかなんか、あれダニとかに刺されてんすかね、赤いブツブツ一杯で、超汚ねーの！」

めちゃめちゃ失礼なことを言う男だとは思うが、彼の表現は的を射すぎていて、反論の余地がないのだ。駅から数十メートル先に巨大なラブホテル街を抱えるこの街では、そのルート上の公衆トイレ前や喫煙所前などに、20〜30代の立ちんぼ女性がたむろする。実際には警察の職務質問を逃れるために付近をウロウロとしているのだが、半日も現場でウォッチしていれば、それが立ちんぼ女性なのだということは明白だ。そこに立つために地場の不良に少しのミカジメ料を払う女性や、実はバックに激安系援デリ業者（本番行為をして手取り5000円以下）がいるケースもあるが、取材をすると「過去は家出少女たちだった」というケースがあまりにも多かった。

「16歳のときに友達と家出してきて！　そんで毎日やって、一晩で100万くれた人もいたから！」

などとありえない大嘘を興奮して話す女性は、しばらくまともに人と話したことがなさそうだった。こうした街娼を買う男は、買春男ほどにも彼女らの理解者ではない。そこには値切り、罵倒、暴力が常に付きまとう。「一般の性風俗ではできないことをやる」という需要のみが、彼女らの売春を成立させるのか。かつての「売春で売れた自分」という成功体験にしがみつく、それ以外に他者から承認された記憶のない彼女の言葉が、切なかった。

また、取材の中では、知的障害を抱えた女性らの売春ワークについても聞き取った。非常に混乱する内容のため、本書でも書くべきなのか非常に悩んだが、やはりこれも無視できない現実なのだと思う。取材の経緯や風景描写、結論付けは拙著『援デリの少女たち』に記したが、ここでは取材当時の自分のレポートをそのまま転載したい。余分な考察を抜きにして、読者にも彼女らをどうすればよかったのかを考えていただきたいからだ。

■取材対象・A　18歳

療育手帳は取得していないが、自称記憶障害。実際に身辺はメモまみれ。ADHD的な極度の衝動性あり、路上でモノを突然蹴る、ヤクザ関係者のいる歌舞伎町の喫茶店内でいきなり大きな声で返答しだす（返答の内容は普通でボリュームだけ上がる）。路上でホームレスが面倒を見ている犬を見て「この犬殺せっつったろ！」とホームレスに食ってかかる。機嫌が悪くなるとずっと貧乏揺すり。言葉はある程度しっかりしていて、知的な障害はあったとしても軽度か？　虚言癖もあり？　両親は交通事故で双子の妹とともに死亡し、父は国際線のパイロット、母はスチュワーデスだったという。事故後、児童養護施設を経由し、母親の親戚の女性夫婦の里子になる。その後里親の母の彼氏に性的虐待を受けた？　両親が死んだ後の2年間の記憶がほとんどバラバラというが、なぜか武道を習ったということは憶えている。16歳のときは体重が100kgあったというが自称拒食症で、現在は70kg。記憶障害については地元の医師にかかっていたと言い、大量の精神薬を所持していた。薬剤はセパゾンが中心。セパゾンは処方系ドラッグと呼ばれるような乱用に使われる薬剤ではないので、本人に処方されたものと思われる。

■取材対象・B　21歳

肥満あり、90kgぐらいか。表情に弛緩あり？　知的障害、AがBと出会った頃はBは二級（中度のこと？）の療育手帳を所持していたとAは言うが、紛失。子供の頃の話はしたがらないが某アイドル・グループの一次オーディションに受かったことがあるという。暴走族の経験あり。会話の中で「内観」の話などが出てくるため、女子少年院経験者と思われる。その少年院での経験からか、薬物中毒者について「あれはむごいよ、ひどいよ、クスリだけはダメだから」とずっと言い続けていた。非常に粗暴で、取材中、個室居酒屋の隣の客がうるさいと言ってスプーンで壁を叩き続ける。集中力散漫、個室の外がどうしても気になるらしく、床に座って股間をバリバリかきながら、片手はずっと個室出口の扉にある。突然大声を出したりするとき以外は、ニコニコしていて温厚。こちらが温厚に話すとすぐに落ち着くが、Aの話の内容などですぐに興奮状態になり言い合いとなる。

■共同生活しているAとB、上京の経緯と路上売春生活に至るまで。

AとBは現在歌舞伎町で一泊5千円の漫画喫茶やサウナに居住。収入は元コマ劇場前で座っていて声をかけられた男たちとの売春に加え、池袋方面で活動しているという援デリグループなど。

Aは東北地方の地方都市でスナック店員をしていたが義母の彼氏からの性的虐待が原因で地元の中核都市に家出し、セクキャバやピンサロなどの風俗店を転々とするうち、ホストを経由してBと知り合い、同じ風俗店で働くように。Bが借りていたアパートにAが同居するようになる。

　その頃に知り合ったスカウトの男が「韓国や沖縄で風俗の出稼ぎをするメンバーを集めている。一気に沢山儲かる」というので、その男に紹介された神奈川の「不良っぽいひとたち（男4人女2人のグループ）」のところに飛行機を使ってやって来る。これが上京のきっかけ。だがAは18歳だし住民票は義母のところにあり、パスポートもすぐには取れないと言われ、しばらくグループの紹介する客と売春するが、話が違うということでBが切れて乱闘になり警察介入。なぜこの時点で警察が福祉に接続できなかったのか？　それは警察の業務外か？

　その後AとBは様々な風俗店の面接などを受けるが、全く別の者からの紹介で都内で「Sグループ」と呼ばれる激安デリバリーヘルス店に入店。チェーン店のうちの一店舗は待機がマンションの一室で宿泊可能のため、そこにふたりで住む。だがAは店のマネージャーに「やらせろ」と迫られ、さらに営業中に店の携帯電話以外に自分の携帯電話（プリペイド）の電源を入れていたことで揉め、解雇。Bは客がつかず、店員から「アナル講習（肛門性交を覚えるために店員が指導する）を受けろ」と言われ（肛門性交があることで3900円という最低料金にプラスいくらかが入る）、講習に挑むも痛くて断念。待機室の近くの路上で泣いているところをAが発見し、店をやめさせた。

その後は基本的に歌舞伎町を中心にふたりで行動。売春して作った金でホスト遊びをしたり、漫画喫茶などに宿泊し、暇なときは歌舞伎町元コマ劇場斜め向かいのマクドナルド二階で時間を潰している。

Aの希望は「金をためてバンギャ系のヘアメイクなどをする美容師になりたい」。

Bは「ダイエットして痩せて、芸能プロダクションでレッスンを受けるか、地元の彼氏（ホスト）の前に痩せた姿で現れて告白したい」。

■取材対象・C　23歳

大手出会い系サイトに毎日何回も「車内で　口で　2」（車の中で口腔性交をして2千円）という書き込みをし、東京西部某市で客を募集しているところに接触。取材意図をメールで告げると、彼女を管理しているという男から電話があり、取材成立。通常こうした極端な書き込みをしている女性は重度の精神障害や知的障害などを抱えていることが多いといわれているが、Cも知的障害とのことだった。

Cは、Aと同様に記憶障害があるといい、知的障害で療育手帳を取得しているというが、本人は非常に挙動不審で視線すら定まらず、会話も困難（基本的に「あ、はい」「わかりません」以外の言葉はない）。住民票という言葉の意味を理解できないようだった。障害のある女性を取材すれば会話が成立しないこともあるという可能性まで考えが及んでおらず、かなりショック。甘かった。良く考えれば当たり前の可能性なのだが。重度の知的障害？　障害の内容については判定できず。生育歴については聞けず。以前は知的障害者の作業所に勤めていたとのことではある。管理者の男は元々路上で売春していたCを買った客だったというが、彼が同席して代理で取材に応じてくれるという方法をとった。

Cも以前は「Sグループ」で働いていたことがあるという。また、この管理者の男が出会い系サイトへの書き込みをやって客をとる零細援デリの形をとっているが、無理矢理やらせているのではなく、「男は彼氏だ」という。Cが具合の悪いときなどは男が彼女を養っている。口腔性交でしか募集していないのは、Cが怒ると客の男に殴りかかってしまうことがあるからで、基本的に性行為はしない。基本的には客に某駅前のロータリーまで迎えに来てもらうか、線路沿いのコインパーキングを待ち合わせ場所として、居住しているカラオケボックスから現地へ向かう。客の男の車を人のあまり来ないコインパーキングに案内するので、同じ場所を使い続けている。トラブルが年中あるので、ボディガードとして男が自転車でコインパーキングまで追いかけていき、監視している。何度か相手をした客の中で、性交渉までするようになった常連の客はいるが、基本的には口腔性交のみ。

彼氏だという男との間に信頼関係を強く感じた。取材中、Cはずっと男の膝枕で、男の顔を見上げていた。驚くことにこの男自身も精神障害者保健福祉手帳の取得者だという。さらにふたりは別々に財布を所持せず、ふたりで一個の財布（セシルマクビーのリボンのついたピンクの大きな財布）を共有していた。どちらが稼いだ金も、この財布に入れるのだと言う。男は元ホストで高校時代はヤクザをやったり内臓の病気で入院したりを繰り返していたと言うが、現在は30代前半。死にそうな親が家におり、死んだらCと一緒に戻るつもりということだけ聞き取れたが詳細は不明。

昨年（2010年）の10月（取材4ヶ月前）頃から一緒に居るといい、男は収入以外に親から金をもらうこともあるようで、居住はカラオケボックスのナイトパックを利用している。以前は漫画喫茶に居住していたが、中で売春をしていることが店にバレて追い出された。「出入り禁止」にはなるが、店に売春がバレたことが福祉への接点にはならないことが切ない。店としては「警察に突っ込まないだけ良心的だと思って欲しい」とでもいうところだろうか。

路上生活する知的障害者女性を取り巻く環境について

取材した3名が同様に都内最底辺風俗店「Sグループ」への所属経験があり、いずれもクビになっている。本人たちが積極的にこの店舗を探せる能力があるとも思えず、その入り口はなんだろうと思ったが、実は彼女たちのように「パッと見て何らかの障害がある」と思われる路上の女性に積極的に声をかけている人々がいるという。都心では特にそれが歌舞伎町に集中しているということだった。

A曰く「AVのスカウトされたよ！　犬とやったら30万円だって！」。

その他にも、歌舞伎町内にいるだけで、毎日5人ぐらいに声をかけられるとAは言う。AVに出ないか、援デリを紹介する等々。「乱交って知ってる？」と聞かれることも多い。相手を見て「うるせえ！」と怒鳴り散らして追い払うこともあるという。さらに路上には彼女たちのような知的な障害を抱えた女性が「可愛い」といって声をかけてベタベタに優しくするマニアの男も少なくなく（もちろん性的な要求もする）、ご飯食べよう、カラオケ行こうと声をかけられるのだという。実際、彼女らは非常に粗暴だが、一方で大変素朴で分かりやすい性格で、機嫌がよければずっとニコニコしている。いわばこの幼女のような可愛らしさを買う男がいるということか。

また、歌舞伎町では様々な問題を抱えた（障害も含む）女性が集まってきて、同年代同士で緩い繋がりをもちサークル化しているとAは言う。趣味の合った者同士で一緒にライブに行く、ホストで遊ぶ、パチンコをする、カラオケをやるなどなど、誘い合える仲間のコミュニティ（携帯メールで連絡を取り合うくらい）が存在し、ここがまた、援デリや風俗店への紹介にも繋がっているという。

ＡＶのモデルプロダクション社長に、こうした障害のあるＡＶ嬢というのは結構な数がいるのかと聞いたところ、「いわゆる三大ＮＧの現場（ハードＳＭ、アナル、スカトロ）にいる。特にスカトロのＡＶに出ている女優の半数は知的障害だ」という回答があった。

また、知的障害のある女性とアダルト産業については、「１９８０年代に流行ったロリコン雑誌では、知的障害やダウン症などを抱える小中学生の少女をヌードモデルにしていた」との証言。多くは親が業者に売る形だったといい、業界の闇の歴史なのだという。

また、違法売春組織である援デリの経営者に話を聞くと「障害のある女は客と致命的なトラブルを起こして警察の介入を招いたり、他の女の子と揉めるなどのリスクが高いために、雇わない。雇うなら打ち子（客を取るスタッフ）も障害などの問題のある男にやらせ、男女ふたりのチームで回して、上納させる」とのこと。Cと彼氏のふたりも、もしかするとそうなのかもしれない。

福祉との接続が困難であることについて

ＡＶ関係者が言うように、障害をもつ女性は健常な女性がとてもやれないような暴力的な現場で働かされることが考えられるし、都内届出店最底辺と思われるSグループや最もアンダーグラウンドな援デリ業者からも解雇されるとなれば、売春と言っても想像を絶するような人権無視の現場で働かされていることは容易に考えられる。援デリ業者によれば「障害のある女性を金にするなら、乱交がいい。乱交イベントの企画業者はまだまださんあって、普通の女は精神的に壊れる前に肉体的に壊れるが、障害者の女は頑丈」という。何が頑丈なのかと思うが、「骨太」なのだという。肥満していれば激しい性交に耐えられるというのか、理解不能。また、性産業に生きる人々には「知的障害者の女は太っている」という共通認識があるらしいが、これは支援者側から「子供の頃に好むハイカロリー食を脱出できず、食生活も子供のまま大人になってしまうため、肥満になることが多い」との指摘あり。

婦人保護施設関係者にも意見を求めると、

「施設そのものは障害を判定する機能をもたないが、薬物関係にせよ売春にせよ、婦人保護施設に関わってくる女性の中で何らかの障害を抱えていない女性はほとんど皆無。知的障害だけでなく、知的障害と他の障害を複合的に抱えているケースが多い。ただしやはり彼女たちは継続的な支援をするのが難しい対象で、本当に生活や環境が困窮した瞬間のみ婦人保護施設を利用し、ふと居なくなってしまうこともあるし、都内には売春をして生活しながらトラブルがあると各所の婦人保護施設に現われるという利用の仕方をする女性もいる」

一方で知的障害者の社会自立をサポートするワークショップ（作業所）のスタッフは、忸怩《じくじ》たる思いを語った。

「うちの施設にも、まさに鈴木さんの言うような10代の女性が来たことあるよ。でも、実習初日で逃亡……。働きたくないんだって。楽してお金稼げる（＝売春）方法を知ってしまったからね。そしてそのような方の親御さんは、やっぱり軽度の知的障害者で、お父さんは生活保護、お母さんは16歳で子供を産み、計7人兄弟だったり。でも、家に居場所が無くて、台所の机の下で寝てるって言ってた。ある利用者は逃亡から3日後、昔いた児童施設の近くで見つかりました。手はいつも差し伸べてるつもり。福祉の対象を選んでるつもりもない。ほんとは、手を振り払われても、無理矢理にでも引っ張ってくるべきなのかもしれないし。ただ、実際自分の目の前にいる、利用者さんたちのことはおろそかにはできない」

確かに、彼女たちは間違いなく即座に救済すべき存在なのだが、かといって安直に福祉の対象として想像するような「大人しくちょんと座って救済を待っている障害者」ではない。想像以上に粗暴だった（ただし極度に粗暴と思える言動は、それまで受けてきた暴力へのリアクションや防衛の姿勢かもしれず、そこまで思いを及ぼすことが必要かとは思われる）。また、路上売春生活にまで落ちるのは中度軽度の知的障害の女性が多く、重度のケースでは逆に福祉が救済していると勝手に思い込んでいたが、少なくともCの障害はとても重かった。あれほどの障害をもつ女性が福祉のネットから逃れて売春で生計を立てているという事実が、かなりショック。

正直、彼女たちに必要な福祉が見えなくなった。障害のある女性を扱うスカウト業者からは「知的障害の作業所で小銭貰うのか、自分の力で稼いでおしゃれするのか？　知的障害の子だっておしゃれはしたいし遊びたい」という言葉。重い……。セシルマクビーの財布を共有していたふたりは、たったふたりという最小のユニットでお互いの貧困を補い合っていた。彼らは絶対的に、社会が救わなければならない人々。けれど福祉はふたりにいま以上の居場所を与えることができるんだろうかと思うと、鈴木の中では答えが出ない。

売春と貧困の固定化

「どうしてこの子たちは、そうなんだろう」

そう思い続けてきた。彼女らには、まず三つの縁がない。子供時代から劣悪な環境で育ってきた中で、家族の縁を失い、制度の縁には斥力を育たせ、地域の縁も断ち切ってきた。路上に出てセックスワークに捕捉され……。だがここでひとつ疑問が湧かないだろうか？なぜ彼女らは「地域の縁」「地元にあったかもしれない同世代のコミュニティ」も失ってしまったのか。実はここに、彼女たち自身が抱える大きな問題があった。

あえて糾弾されることを覚悟で書きたい。知的障害をもつ女性の売春ワークについては前述した通りだが、彼女ら売春の中に埋没し続ける家出少女らもまた、そのほとんどが「三つの障害」＝精神障害・発達障害・知的障害の当事者か、それを濃厚に感じさせるボーダーライン上にあった。障害という言葉がよろしくないなら、こう言い換えよう。彼女らは本当に、救いようがないほどに、面倒くさくて可愛らしくないのだ。

僕自身は「人間は面倒くさければ面倒くさいほど味がある。それが人間臭いということである」と思うような面倒くさい性格の男だからこんな取材活動を続けてきたが、一般の人たちが彼女らとコミュニケーションをとれば、3日ともたないかもしれない。

だからこそ、彼女らは孤独だ。そもそも地元の触法少女集団は「女の集団」であり、集団の中でそぐわない少女に対する排斥の力学をもっている。そして、そうしたコミュニティから排除されて集まる「家出少女中心の援デリ」などといえば、そこらで見たことがないような強烈なパーソナリティの少女が寄り集まった集団だ。彼女たちには一時は同じような成育エピソードをもった仲間に出会えた！　という喜びもあるが、それこそ3日も一緒に売春ワークを続けていれば、「あいつブッ潰す」「こいつ気に食わない」と、内紛状態が始まる。まだしも容姿や安定したメンタルに恵まれた少女らはそこからピックアップされていくが、残った少女らは孤独の中、細々とした売春ワークのみで世界と繋がる。

もう、誰も彼女たちをケアしようとはしないのだ。

あらゆる局面で被害者であり、何も与えられず、虐げられた彼女たちは、ケアされるどころかセックスワークの世界からすらも除外され差別の対象となってしまう。抱え切れないほどの痛みは決して「可視化」されないどころか、「理解できない」としてやはり糾弾の対象にすらなってしまうだろう。

ここに自己責任論など、絶対にさしはさむ余地はない。なぜなら彼女らは、その「自己」というものが既に壊れ、壊されてしまっているからだ。

これが、セックスワークの底の底であり、最貧困女子のリアルだった。

どうすればいいのだろう。ここでは「家出少女」を中心として彼女らをとりまく風景を描いてきたが、これは家出少女に限った話ではない。むしろ、「貧困女子」という言葉で表されるような女性の低所得が拡大すればするほど、身近な問題になっていくのではないか。

第一章で記述した「地方のマイルドヤンキー女子」は、いわば「崖っぷち」だ。彼女らはギリギリ頼れる親の縁、地域の縁などがあったが、例えば本人・親兄弟の病気や介護があったり、離婚してシングルマザーになったり、その上で地域の縁であるコミュニティからも排除されればどうか？　なるほど、だからこそ彼ら彼女らは地域の縁を異常なほど大切にしているのかもしれないが、それは保証されたものではないのだ。

前述したネットカフェ難民の小島さんのような「貧困女子」、配偶者などからのＤＶ被害、家庭問題、多重債務、様々な事情から大都市部の繁華街に飛び出してきて半ば路上生活に入る女性にとっても、セックスワークは一定の吸引力と、不確かなセーフティネットという意味合いをもっている。そして一歩その世界に足を踏み入れたが最後、容姿やパーソナリティで残酷な仕分けをされ、その痛みは不可視となり、貧困は固定化されていく。

だが昨今、この「不可視状態」をさらに見えづらくする状況が生まれている。それが「セックスワーカーの新勢力」の台頭だ。

第四章 最貧困少女の可視化

ふんわり系美女の副業

北関東某地方都市、22時。生鮮食品も扱う100円均一ショップは、国道や県道沿いというわけでもないのに意外に客が入っている。そんな中、工藤愛理さん（24歳・仮名）は、手馴れた様子でカゴに商品を取っていく。かなり肥満気味の若い女性店員と軽口を交わす様は、いかにも常連。迷うことなく商品カゴに物を投げ込んでいく。薄っぺらい調理済みメンチカツ（4個入り）に、モヤシを中心にしたミックス野菜、そして小倉の入ったデニッシュと、野菜ジュースの1リットル紙パック。もちろん全品100円だ。レジ付近で100円の玉葱をカゴに入れるか悩む愛理さんに「取材経費で買いますよ」と言うと、「おっしゃ!!」と小さくガッツポーズをとった。

「ここのデニッシュはマジお勧め。1個で500キロカロリー近くあるんだけど、食べたらマジ半日以上お腹空かないんで。あとチンしたらフニャッとなるんで、絶対トースター派ですね、あたしは。ミックス野菜は今日料理しないとすぐ傷むから、コンソメスープか味噌汁で。野菜ジュース、これニキビ予防なんですよ。ってあたしマメっぷり凄くない?」

購入した食材は「合計6品で2日分」だと言って笑う愛理さんは、涙袋を上手にメイクで強調した、なかなかのふんわり系美人だ。そんな彼女を見て、果たしてその「副業」を言い当てることができる者はいるだろうか。

愛理さんは専門学校を卒業後、地元の自動車部品関連メーカーの事務として正社員就職。これが本業だが、それに加えて週に一回だけ「夜のバイト」をしている。そのバイトとは、デリヘル嬢。愛理さんは、地元では最も規模が大きいというデリヘルチェーンで風俗嬢として働きはじめて、半年以上という。

「それまで夜職経験、全然ないです。専門のときは親元だったし、高校のときから続けてたバイトありましたしね。風俗どころかお水の世界とかもぜんぜん無縁。で、去年の夏に中学のときの同級生とファミレスでお茶してて、なんかいいバイトないかなって話になったんですよ。それで勢いでその日に女の求人誌とか探して、それで風俗。怖いからその友達と一緒に面接受けに行ったんです。いや、最初はむっちゃ抵抗っていうか、すごい緊張した！　けど、お店のスタッフ凄い優しいんですよ。うちの店、このあたりじゃかなり高いほうの店なんで、お客さんも割と変な人はいなくて。むしろ昼の会社のほうが、職場のパワハラセクハラ激しいですよ。先月は夜だけで12万ぐらい稼ぎました。乗ってる軽（自動車）が車検でお金必要だったんで、助かりました」

昼の仕事は手取りで年収150万円台。対してデリヘルは、平均月収6万〜8万円。週に一回、仕事帰りに自家用車を業者に都合のいい大型店舗の無料駐車場に停め、業者に迎えに来てもらう。そこまでの交通費は自分もちで、大都市の風俗のような最低保証（客がつかなくても支払われる日当）がないので、お茶を引けば（一人も客がつかなければ）赤字になってしまうが、幸い指名は順調に入っているという。額面通りなら合計年収は230万円程度となるだろうか。

地方週一デリヘル嬢

第一章にて、マイルドヤンキーの永崎さんの取材を、「とあるテーマの取材のために」と僕は書いた。実はこの取材の本来の目的が、愛理さんら「地方週一デリヘル嬢」だった。貧困女子というキーワードが広まるにつれ、地方都市を中心として、昼には一般職を持ち週に数回だけ性風俗業でバイトをする女性が増えているという。そんな情報を聞いて、早速現地に飛んだのだ。取材は、愛理さんの在籍する風俗店の経営者を基点に、愛理さんとその同僚のキャスト女性、彼女らの友人や兄弟、男友達などにも話を聞くことができたが、それは僕の想像をはるかに超えた現状だった。

このデリヘルの店長は、こう言う。

「風俗嬢はワケアリって時代じゃないですからね。やっぱリーマンショックぐらいから変わった気がするんですけど。いまでも借金抱えてどうしようもなくレギュラー（週5〜6日勤務）でデリ嬢やるなんて子もいますが、確かに最近週一バイト感覚の子が増えてますね。店にとって迷惑？　とんでもない！　いま派遣（デリヘル）っていうのは完全に集客がHPに依存してますから、まずそういう子をたくさん在籍させてHPの在籍嬢を色とりどりにするっていうのは戦略です。あと、箱（店舗型）で『ザ・ヘルス！』『ザ・イメクラ！』って感じのモロ風俗なお店では、女の子にもある程度の技術が求められるし、いまもレギュラーが重宝されますけど、デリヘルでの受付ニーズは逆。ニーズは『素人感』なんです。レギュラーの子はどう装っても風俗ズレ感が出てしまいますから、実はHPで毎日出勤ってなってる子ほど指名が入らない。週一週二はいつまで経っても素人ですから、客がそういう子を狙ってピンポイントで予約入れてきますからね」

ちなみにこの店、売り上げトップはレギュラー出勤の現役AV嬢などが居座るが、在籍の8割ほどが週3勤以下だという。昼職と掛け持ちかどうかは面接時に女性が虚偽申告する場合もあるので定かではないが、店長の肌感覚ではおよそ半分が昼職持ちのWワーカーだ。

風俗業界の求人を担う代理店でも、この「週一系」の確保に力を入れている。

「本当に普通の子が風俗に来るようになったとか言いますが、今も昔もある程度抵抗はありますよ。でも、求人のかけ方とスタッフの腕も上がってますからね。媒体（夜職求人媒体）の段階では、『エステです』『手こきのみです』で募集して、まず面接に来る分母を増やします。さらに入店直後は店の身内の客を打ち込んでもらうんですよ。それで楽だし優しい客ばかりだし、夜職悪くないじゃんって思わせて、ここで、じゃあデリヘルだったら（給料）倍つくよって提案する」

実際に地域の求人媒体を見れば、地方にもかかわらずとてつもない量の求人数があり、冊子は都心のものに引けを取らないほどに分厚い。業者の言うとおりの「お客の身体に触らなくてもＯＫ！」という求人も相当数あった。取材をしていて、頭が痛くなってきた。

「これはちょっとマズイんじゃないのか」というのが、率直な感想だ。

選ばれたセックスワーカー

そもそも「地方週一デリヘル嬢」が増えていると聞いて取材に向かった際、僕の脳裏にあったのは「ついに日本もそこまで来たか」だ。拡大する低所得層の中、昼の正職だけでは生活できず、風俗に副収入を求める女性が増える。それは悲壮な風景ではないか。

ところが、愛理さんにも他の同僚女性にも、「やむを得ず風俗」という悲壮感は一切感じられない。それどころか、充実した20代を謳歌している風にすら見えた。第一章の永崎さん同様、愛理さんにも地元の仲間がたくさんいるし、低所得を支える地域インフラを最大限活用し、仲間と力を合わせつつ生活している。愛理さんに本音を聞けば、「あたしだけこんだけ貰ってて不満とか不安とか言ってたら、バチ当たりますよ。デリヘルの稼ぎの分は、あたしにとっていわば心のゆとりですよ、ゆとり」と言う。

一方で愛理さんと同じデリヘル店に勤める女性からは、こんな声もあった。

「本音言えば、オッパブとかで働きたい。デリは保証なくて、お茶引くと交通費の分赤字だけど、オッパブとかなら時給なんで確実だから。でもこの辺、遅れてるからそういう気の利いた店はほとんどないし、あっても18から20歳ぐらいの子で一杯だし。キャバクラとかもいいなって思うけど、めっちゃ遠いし。まあ、デリで働けるだけ恵まれてますよ。さすがに極端に太ってたり痩せてたりとかだと、デリも採ってくれないんで」

昼職の所得が少なくて、「やむを得ず」風俗に副収入を求めたのではない。むしろ彼女らから感じたのは「デリヘルで稼げる自分への誇り」のようなものだ。驚くことに、愛理さんは、なんと週一のデリヘル勤めが既に職場の人間にバレているという。それどころか、弟も知っているし、カミングアウトしている友人も少なくない。あまり大っぴらには言えないけど、決して恥ずかしいことではないし、そうして自らの「資質」を活かして地元同年代の中では高所得をキープしていることを誇りに思っている節があるのだ。

デリヘル店長は、こうも言う。

「あくまで、彼女たちは『選ばれた人たち』です。面接で聞く昼職のほうは、それこそ飲食、美容、派遣、介護から製造業まで、どの職種が多いってありませんが、少なくとも容姿とメンタルの部分で、面接通ってるわけですからね。いまこの辺は、箱の風俗店は完全に閑古鳥で、都心から進出してきた全国規模のグループもほぼ撤退の状況。アベノミクスなにそれ？　ですよ。デリヘルも大型チェーンでない限り採算とれませんし、何より『美人揃いで全員生本番OK』っていう韓国系デリヘルが台頭してきてますから、対抗するこちらも容赦なく容姿で面接落とします。昔よくいたような精神科に通ってる系のメンタル不安定な子もできる限り採用は控えますしね」

確かに彼女らの容姿は、読者モデルでもやれそうな雰囲気だった。彼女らの属する地元のグループの中では、夜職の兼業は「やれる容姿がある」証でもあり、感覚的には周囲から少し羨ましがられるような空気すらあるようなのだ。

攻撃対象となる最貧困女子

これは大変よろしくない現象だ。愛理さんやその友人らは、低所得だが貧困ではない。こうした「マイルドヤンキー層」でもある彼女らがセックスワークの世界に参入してくることで、当然パージされる者が出てくる。まず生き残れないのは、これまで書いてきた「三つの無縁」「三つの障害」に該当する女性たちだろう。家出少女と売春ワークから這い上がって風俗ワークに入った層も、愛理さんら「選ばれた風俗嬢」に比べれば霞んで見える。

そして愛理さんらの取材をしながら、ずっと僕の脳裏に浮かんでいたのは、第二章で書いた「出会い系のシングルマザー」の加奈さんだった。前述したが、加奈さんと愛理さんらは、同じ北関東の某地方都市周辺で生まれ育っている。そして実は、あれほど困窮状態にあった加奈さんのほうが、セックスワーク外にいる愛理さんの友人らよりも、可処分所得が多かった。取材期間の後期、加奈さんがバイトしていたファストフード店での月収は、最大で8万8000円。これに出会い系サイトでの売春を含めて平均12万円ほどになるが、加奈さんは自家用車も持たず税金も年金も国民健康保険料もぶっ千切っているのだから、これを丸々可処分所得にできたはずだ。ちなみに公営住宅の家賃は月額3万円だった。

これで生活が苦しい、とても生きていけない、死にたいと言っていた加奈さんを、愛理さんらはどう思うだろうか。

嫌な思いをするかもしれない覚悟で、追加の取材を立てた。実際に、加奈さんの個人情報に最大限配慮しつつ「こんな人が居たんだけどどう思う?」と聞いてみたのだ。取材に応じたのは愛理さんと、いまは抜けたというが以前は愛理さんと同じデリヘル店で働いていたというミユさんだ。

一通り加奈さんの生い立ちやエピソードを話し終わる前から、愛理さんたちは顔を見合わせて、微妙な表情をしている。苦笑に近い表情だった。僕の説明をさえぎって、質問が飛んできた。

「いやーでも、いちおうそういう女が居るっていうのは分かるんですよ。可哀相な人だなっていうのは分かるんですけど、子供産んで出会い系でワリ(売春)とかは、やっぱ意味分かんないんですけど。ブスでデブでも行ける風俗あるじゃん?」

と愛理さん。かなりの都市部でなければ、そうした格安店は限られた数しかなく、都市部の格安店では客1本に対して女性の取り分が2000円未満というケースもあることを伝える。

「じゃデリじゃなくピンサロは？　店暗いから基準（入店面接時の容姿基準）甘いよ？ていうか、地元で店がないなら、何でその人は地元離れらんないの？」

引っ越しをする余裕や、手続きをする精神的体力がなかったことを伝える。

「単にズボラなだけじゃなく？　だいたい昼のバイトがファストフードなら、接客はやれるんですよね。普通に夜にバイト掛け持ちすればいいんじゃね？」

メンタルが不安定で体力もなく、Wワークできる状況にないし、子供を預けられるところはない。

「そんなん我がままじゃないですか。もし子供放っておいて可哀相って言っても、それじゃ夜職の女の子供はみんな可哀相だし、でも子供だってそんなんで可哀相とか言われたくないですよ。私の友達で似たような感じの子いるけど、子供抱えて昼スーパーで働いて、夜はパブで働いてますよ。スッピン激ブサ（不細工）だけどメイク盛ってギャルっちくしてるし、そのために女には化粧があるんじゃないですか。パブも女足りないんで、その店ってこの間も求人出てましたよ？　送りあるから車なくても大丈夫だし、店で知り合い作れば子供預かってもらえるでしょ。託児所ついてる店もあるんだし。なんだったら知り合いに口きいて紹介してもらいますか？」

だが加奈さんは酒が飲めなかった。むしろ初対面の人間とマトモに話せない。

「意味分かんねー。その人、ガチで子供ふたり産んじゃったんですか？　それマズくない？　そういう人が子供産んじゃヤバくね？」

だが産んでしまい、なおかつ子供と離れ離れにだけはなりたくないと切実に願っているのだ。

「……いやでも、世の中、デブ専とかブサ専の男もいるし。あ、いっそM奴隷とかで食わしてもらえば良くね？　SMの男って医者とか学校の先生が多いって言うじゃん。ハードSMのクラブとかならNG（女性ができない性的サービス）少なければ、そういう女でも取ってくれると思いますよ。デリでもメンヘラでヤバい女とかそっち行く人多いですよ」

ドキッとした。加奈さんが自称縄師で自称教員の男のところに身を寄せた話はふたりにはしていない。

一通り加奈さんの置かれた状況や彼女の気持ちを伝えた後、愛理さんと友人のミユさんは、うんざりした顔だった。

「うーん。別に珍しくないいんじゃないですか？　親いない友達とか、メンタル病んで落ちてるときに生活保護受けた友達とかは、私らにだっていますよ。でもだからこそ、友達とか男が大事なんじゃないですか。デブだから友達なんないとか私らないし、関係ない。どんなブサくても彼氏いるやつその辺に一杯歩いてるじゃないですか。その子が友達いないなら、その子のハート（性格）が腐ってるとしか私には思えないんですよ。むしろ、子供可哀相じゃないですか。いまその子がここにいたら、ひっぱたいて根性入れなおしてやりますよ。それで直るなら、そういう子が近くにいたら私らもきっと助ける。友達になってやる。でも直んないなら、やっぱそいつどっか変なんですよ。母親になる資格ない。絶対その女、子供虐待するようになりますよ」

夜のマクドナルド、細く長い足を組んで話す愛理さんとミユさんのスマホからは、ひっきりなしにラインの着信音が鳴る。思えば加奈さんの取材中、携帯電話が鳴ったことは一度もなかった気がする。加奈さんと同じ夜の世界で働き、同じ所得層にある彼女らの言葉には正論が含まれ容赦なく、そして決して軽くはない。

加奈さんもその人生の中で、愛理さんのような人々から幾度となく批判と糾弾を受け続けてきたのだろうか。そして加奈さんをここに連れてきたとして、愛理さんがどれほどひっぱたいても加奈さんの本質は変わらないし、僕が彼女の抱えた苦しさや哀しさを訴えたところで、愛理さんたちに何かを伝えることができるのだろうか。

ウリは素人

後日、このデリヘル店の店長に、一連の取材で感じたことを全てぶちまけた。週一デリヘル嬢、Wワーカーで一般職と兼業のデリヘル嬢などが増える中、元々風俗業界にいた「そこでしか生きていけなかった」女性はどうなってしまうのか。すると店長は、「なんでユダヤ人のノーベル賞受賞者が多いのか知ってますか?」と、謎の回答。だが聞き進めると、それはセックスワークのプロならではの、シビアな話だった。

「あのですね。ユダヤ人と夜職の女は似てるんですよ。どういうことかと言うと、ユダヤ人ってのは、何千年も前から自分の国を追い払われて、どこに行っても迫害されてきた人たちですよね。そういう歴史の中でユダヤの人が見つけたのは、金や土地なんてものは、侵略されたら奪われておしまいってことなんですよ。だから彼らは、他人が奪うことができない知識とか教育とかを、宗教の中にシステムとして組み込んで、一生お勉強って習慣を当たり前にしました。ノーベル賞多いの当たり前ですよね。でもこれ、女と同じなんですよ。女にとって、最後まで奪われない財産ってなんですか？　女であることですよね。風俗でトップの子らがどのぐらいの努力してるか知ってますか？　ファッション誌全部目ぇ通して、メイク勉強してエステしてジム通いして、そうやって女の子は『誰からも奪われない女力』を磨くんですよ。女が女を磨く理由は、それが保険だからなんです。そうやって頑張ってる子がいるから、店の側も必死にサポートできるんじゃないですか」

哲学染みた話に驚いた。では、「頑張れない」女性はどうすればいいのか？

「知ったこっちゃないですけどね。もっと料金設定の違う店はありますけど、それこそ愛理たちみたいのが増えてる中で、稼げないんじゃないですか？　この辺なら、ショート７０００円からありますから、そういう店なら取ってくれると思いますけど。あとは基盤（本番行為）しかないでしょ。誤解あるみたいなんで言っときますけど、この業界じゃ『ウリ（売春）は素人、風俗はプロ』ですからね。今週、面接多かったんですけど、だらしない身体で来られて『あたしＮＧプレイないんで』とか言われても、困るんですよ。おまえにＮＧあったら客引くわ！　まずその辺走って痩せてから来いよって。逆恨みされてあることないこと警察とかに言われたら怖いんで、ダイレクトには言いませんけどね。働いてる子はみんなそれぐらいのことはやってるんです。愛理なんて腹筋割れてますよ？それ見てる俺からしたら、地方で週一だからカジュアル感覚の風俗とか言われると、相当カチンと来ますよね。プロ舐めんなって」

ウリは素人、風俗はプロ。この言葉は、鋭く胸に突き刺さった。店長曰く、プロのデリヘル嬢とは「その辺に歩いてそうな感じの若い子だけど、ちょっと可愛い」容姿。派手すぎず地味すぎず、キーワードは「レンタル彼女・デート感覚」だそうだ。

「風俗客も高齢化進んでますから、昔みたいな『抜きどうですか？』って感じじゃない。思いっきりプロっていうのは若い客も引いちゃうんです。女の子はあくまで素人で、客を見てプレイも変えていく。素人女にプレイを教えたいって客には、最初へたくそな振りしておいて、客が教えたから上手くなったたって演じるし、技術優先の客は最初から全力で抜いていくってできれば、どっちの客の指名も取れるじゃないですか。これ、店が考えることじゃないですよ？　俺らじゃなく、女の子が自分らで考えてるんです。基盤は基盤ってだけでニーズありますけどね。正直寝てるだけ入れてるだけで金もらえる女たちとは、一緒にされたくないって本人らも思ってますよ」

畳み掛けるような言葉に、返す言葉はなかった。

「援交」と最貧困少女

セックスワークの「上層」を見ると、その中にある貧困が見えなくなる。低所得層の拡大によって「地方週一デリヘル嬢」などが市民権を得ていけば、より一層その底にいる貧困に苦しむ女性は可視化されなくなってしまう。この傾向は、今後一層格差社会が進行していく中で、より強くなっていくだろう。そして何より、プロ意識の高い風俗ワーカーからすれば、売春ワークに固定された最貧困女子らは、攻撃対象・差別対象になってしまう。

いよいよどん詰まりだ。

だがこの「セックスワークの最下層が最も可視化されていない」というジレンマについては、実は僕が最も時間と労力を費やしてきた「家出少女」「売春ワークの少女」への取材の中で、ウンザリするほど感じ続けてきたものだった。どれだけ取材しても、どれだけ彼女らの抱えた痛み、苦しさ、貧困や虐待といった過酷な成育歴を描いても、読者に「伝わった」という実感が薄い。

そこで大きな障壁となっていたのが、「援助交際」「援交少女」という、誰が作り出したか分からない無責任な言葉と、そこに固定化されたイメージだった。

'90年代、テレクラ・伝言ダイヤル（ダイヤルQ2）・デートクラブ・ブルセラショップ・そして路上の声かけ待ちなどを入り口としていた援助交際は、一種の社会現象として語られた。それは'00年代に至ってインターネットや携帯電話という格好の「匿名による売買春の交渉ツール」を得ることで、その間口を広く、規模を大きくしていった印象がある。実は僕自身も、取材の初期から彼女らの背景の多様性や複雑さを理解していたわけではない。むしろ当初は多様化していく少女売春の現場を、半ば好奇心すら抱えてウォッチする姿勢だった。

例えば、ネットゲーム上での「城」を手に入れるために身体を売る女子大生を取材したのは'01年頃だっただろうか。初期のヤフーオークションでは、使用済み下着を売るついでに「私もいかがですか」と書き込むモノホンの女子高生もいた。単に身体を売るだけではもらえる額に上限があると気づいたのか、自ら「マイ手錠と目隠し」をバッグに潜ませ、「少女監禁オプション」で追加料金を取っているという15歳を取材するに至っては、思わず本気で事件化する前に止めるべきだと説得したりもした。

そんな彼女らの背景もまた、複雑怪奇だ。援交で稼いだ金を名も知れぬインディーズバンドのギタリストに貢ぎ、遠征先ではいつも同じホテルに泊まっていると誇らしげに語る少女がいた。極端に性情報の少ない家庭に育ったことをコンプレックスに感じていたお嬢様系オタク少女。中学校で自分をいじめたギャル系グループに対抗するために「援交とか全然余裕だし」な不良少女エピソードを求めた少女。セックスに対して好奇心を超えた「探究心」を持った進学校の女子生徒は、下は14歳、上は72歳の男とやったという、聞きたくもないような話を事細かに証言する。

なるほど、雑誌の記事にするにはセンセーショナルなネタではあった。これぞ「性倫理の逸脱の見本市」みたいな世界だ。'90年代の援助交際ムーブメントを「セーラー服の少女の手を引くスーツの男」という安直な幻想で固め、未成年の性の暴走だとか、センチメンタルな少女のメンタルの発露みたいな糞文化論で語っていたオッサン読者にとっては、「最近はここまできちゃったらしいよ」的な酒のつまみにちょうどいい話。各種雑誌からはこうした取材の要請があったのだ。

だが取材を重ねる中で、僕が気づいたのは、大多数の小遣い稼ぎ感覚で援交行為をする少女らの中に、極めて少数の「生きるために売春を続ける少女らがいる」という事実だった。いつしか僕は、こうした特殊な事情を抱えた少女のみを取材するようになり、それをまとめて出版したのが『家のない少女たち』『援デリの少女たち』の2冊の書籍となる。

つのる思いはあるが、ポイントはこの「大多数の援交少女」と「極少数の生きるための売春少女＝最貧困少女」だろう。実は少女を取り巻くセックスワークは、大人のセックスワークよりも複雑怪奇なのだ。いわば「性の売り方の多様化・複雑性」が半端ではない。その理由は、未成年の性風俗が違法であることで、法を逃れる業態が多様化していること。加えて順法意識や倫理観の未発達、その他の収入手段が少ないことから、参入障壁が低いことが挙げられる。

苦言を呈せば、メディアの責任も大きい。例えば目立つ買春事件や「セックスワークに絡む少女の被害」などが事件化して、各種メディアが当事者取材をしたとすればどうか。短期間の当事者取材でヒットするのは、「大多数」の内の誰かという可能性が高い。そこに明確な困窮状態がなければ、「なるほどこれは性の秩序崩壊だ」と結論付けられてしまう。最後に「インターネットや携帯サイトなどが子供の性被害の入り口になってるんですよ」的な訳知り顔の識者のコメントがくっついて、コメンテーターが「怖いですね、他人事じゃないですね」とまとめて、はい終了。

これでは「最貧困少女」は埋没化・不可視化するばかりなのだ。

ではこうした混沌の中で、最貧困女子・最貧困少女を可視化するためには何が必要なのだろうか？　まずはセックスワークの当事者を、明確に分類する作業が必要なのだと思う。最も複雑化している少女のセックスワークを中心に、作業を試みたい。多くは成人のセックスワーカーの分類にも役立つはずだ。

セックスワーカー三分類

まず大前提として、セックスワーカーをモチベーションで分類すると、三つの層があると思う。

第一に「サバイブ系」。これは「生き抜くため」のモチベーションで、貧困の中で生きるため、またはその環境から抜け出すためにセックスワークに身を投じる層だ。最貧困女子の多くはここに分類される。

次に「ワーク系」だ。これはセックスワークや水商売などの夜職を「女を売る商売」として認識し、ある種の職人意識的なモチベーションをもっている。『週一デリヘル嬢』などの中でもプロ意識の高い女性はここに分類されるだろう。同じセックスワークでも箱型、特にかつてのソープランドなどの特殊な作法と技術が求められる業態で働く女性も、ここに該当する。また、初めはサバイブ系だった少女が、緊急的事態を脱した後にワーク系として夜職を続けることもあるため、ワーク系には「元サバイブ系少女」も多い。

最後に「財布系」。これはワーク意識もなく貧困状態にもないが、単に財布の中身が寂しいときの副収入としてセックスワークに参入するケースだ。荻上チキ氏の『彼女たちの売春』では、出会い喫茶で売春行為をする女性の大量調査と分類を試みていて、そこではこの層を『格差型売春』と名づけていた。プロ意識の低い『週一デリヘル嬢』などはここに分類されるだろうし、「援交」の言葉でくくられる一連の少女のセックスワークも、ここに属する。

蛇足だが、実際にはこれに加えて「抱擁系」（微妙に寂しくて援交行為）やら「自己実現系」（セックスワーカーの私ってすげえ）がオーバーラップするが、混乱するのでここでは省く。

では次に、複雑化する未成年のセックスワークを、そこに参入する少女のモチベーション分類で図示してみる。少女を取り巻くセックスワークがこれほど多いことにウンザリするが、逆三角の中で上部は経済的困窮度が低く、下部に向かうほど困窮度（サバイブ度）が高い。右辺に近いほど遊び感覚の財布系であり、左辺側は職人意識の高いワーク系だ。端的に、それぞれの概要を説明する。

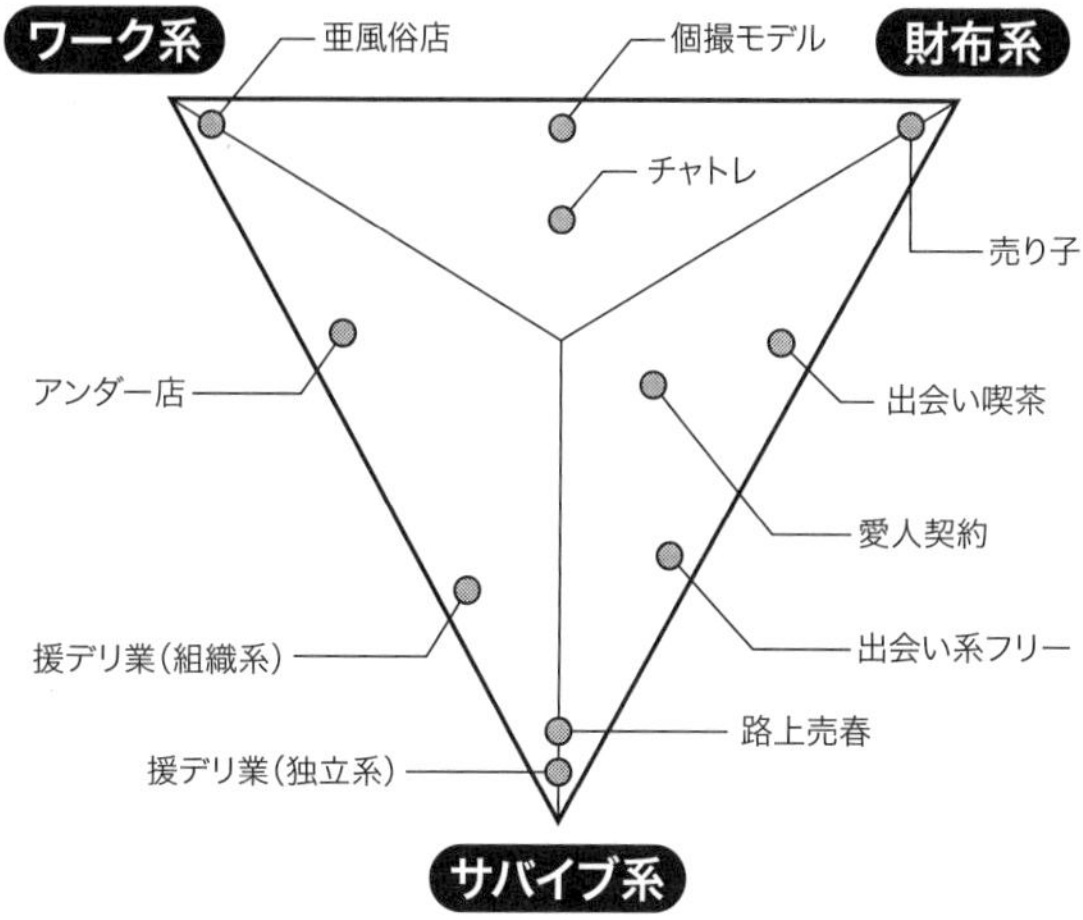

▼援デリ業（独立系）

本書でも何度か登場した、出会い系サイト等を活用した組織売春。独立系とは「彼氏経営」「カップル経営」「地元同世代経営」などを指す。郊外・地方都市外縁部が活動エリアで、大多数がサバイブ系。財布系の参入者も混在するが、レギュラーで売春客を取り続けるのはかなりのハードワークのため、長続きはしない。

▼路上売春

少女の場合は繁華街での座り待ち、風俗街の中の深夜営業飲食店（マクドナルド等）での声かけ待ち。補導リスク等が大変高く、最も困窮度の高い状態だが、路上の接触者によって他のセックスワークへと捕捉されていく。

▼援デリ業（組織系）

いくつかの部隊を抱えるような組織だった援デリ。未成年を使う場合は東京23区内など大都市部では規制と摘発が激しいため、大都市部外縁エリアに発達。未成年者も潜り込める寮を用意することなどもあるが、出勤ノルマ・夜間外出禁止・路上喫煙禁止など管理体制も厳しい。独立系より多少困窮度は低いものの、サバイブ系中心。

▼出会い系フリー

出会い系サイトやLINE、SNSなどのツールを使って少女が個人的に売春をするもの。組織的な客付けがない分見込める収入は少なく不安定だし、通信インフラを自腹で用意できている場合などは路上売春に比べて経済困窮度が低めなのは言うまでもない。

▼愛人契約

出会い系フリー同様の個人売春だが、相手の男と定期的に会う契約をするもの。通称

「定期」。援デリ業や路上売春生活の中から相手を見つけることもあるが、経済的には若干安定ベクトル。

▼出会い喫茶

いわゆる「店舗型出会い」で、大都市部で営業する「出会い喫茶」に年齢を誤魔化して入店し、売春相手を見つけるもの。定点活動のために補導リスクが高く、援デリ所属ほどの収入とならないため、どちらかと言えば財布系属性。

▼売り子

インターネットの無料掲示板などにはびこる「売り子系掲示板」などに自ら書き込みをし、使用済み下着・靴下・スクール系グッズ（学校の水着や上靴）・汚物系（唾液や尿や陰毛・使用済み生理用品）などを売る物販系援交。郵送販売と直接相手に会って渡す「手渡し・生脱ぎ」があるが、後者の場合はその場で相手を見極めてプチ（手や口によるサービス、オサワリ＝身体への接触、自慰行為を見せるもしくは男の自慰行為を見る）や、ヌード撮影、本番のセックスにまで発展することがある。買う男という母数が少ないためにサバイブ系の仕事とはならず、あくまで財布系。

▼個撮モデル

売り子同様にインターネット上の「個人撮影モデル掲示板」などに自ら書き込みをし、カラオケボックスやホテルでのヌード撮影、屋外でのスナップ撮影に応じるもの。売り子に比べて「被写体として堪えうる自分」というワーク意識は高いが、やはり相手を見極めて売春に発展するケースがある。ただし、やはり客の母数が少ないためにサバイブ系少女とは別次元の財布系。スタジオを使う個人撮影会業者や、未成年モデルを使用したセミヌード映像作品「IV＝イメージビデオ業者」などの「業」も存在するが、別物。IV業者などは少女の親権者と契約するのが一般的で、親世代の貧困と密接に関係はしている。

▼チャトレ

インターネット上の会員制動画チャットで有料会員男性と性的なものを含めたやり取りをするチャットレディ。ネット配信のために営業地を問わず、警察のマークが薄い地方のテナント・ウィークリーマンションをチャットレディ部屋とし、未成年を含めた女性を雇用して配信業務を行う。客と1対1で非公開の動画チャットをする場合はその場で性器の修整などが利かないことが問題化している。寮がある場合などはサバイブ系少女にとっての魅力となるが、容姿条件・アクセスを稼ぐための相手男性とのやり取りなど、ワーク系のベクトルもある。

▼アンダー店

郊外などに存在する、半ば未成年と分かっていても雇用する風俗店（デリヘル・ピンサロ・セクキャバ・オッパブ店等）。未成年専門店というわけではなく、あくまで成人女性の雇用に未成年が混ざっている形。同僚風俗嬢との同居や寮（入寮の場合の年齢確認は入店より厳しいが）があるため、サバイブ系少女にとってワーク系への通過点的な位置づけもある。

▼亜風俗店

便宜上「風俗」の言葉を使うが、ＪＫリフレ、ＪＫお散歩などのいわゆる「アキバ系亜風俗」から、ガールズバー、ミテコキャバなどの飲食を含む、グレーゾーン業態。路上生活状態の少女を雇用するほど店側の脇が甘くないし、働く少女の中に「将来夜職デビューするための修業」といった感覚もあるため、非サバイブ系のワーク系ベクトルに置いた。

セックスワークの底に埋没する「最貧困女子」を可視化する

これら全ては少女のセックスワークに属するし、俯瞰してひとまとめにしてしまえば「援交少女とかそれっぽいもの」なのかもしれないが、抱える事情や背景はまったく別物だということが分かると思う。

さらに顕著な傾向を見いだすこともできるだろう。まず、サバイブ系に近いほど、彼女らのセックスワークは売春そのものとなっていく。理由は明白で、貧困と困窮の度合いが高ければ高いほど、少女らは短期間に大きな金を必要としているからだ。繰り返しとなるが、家出少女の場合は補導を免れて安心して泊まれる場所の確保に、まず金がかかる。三食外食、服は着潰せば洗濯ではなく買い換える。少なくとも金を払わなくとも住む家がある図上部の少女らとは、置かれた環境が根本的に違うわけだ。

一方でワーク系に近いほど、彼女らは「業」の中に取り込まれている。財布系については全体の景色を曖昧にしてしまうので「遊びなら止めてください」と思ったりもするが、実は経済的困窮度は低くとも「三つの障害」には当てはまる少女が多い傾向もあるので、単に批判もできないジレンマがある。正しい例か分からないが、ワーク系は農業社会、サバイブ系は狩猟採集社会に置き換えることもできるような気がする。財布系は何かと言われると困ってしまうが……。

実はこうした住み分けを考えるようになったのは、ワーク系とした亜風俗店の少女らへの取材がキッカケになっている。既に規制の対象となりつつあるJKリフレ、JKお散歩といったアキバ系亜風俗に対する報道では、常に「援交の温床になっている」「本番行為のできる裏オプ（オプション）がある」だとか、「店に無断の裏引き（個人的に売春をもちかける）がある」などとされていたが、取材をした都内の通信制高校生だという17歳少女は、それを一笑に付したのだ。

「お散歩でワリキリ（売春）してる子がいるとか言われると、凄くムカッとくる。絶対いるけど、やるかやらないかは本人の自由だけど、お店に迷惑かけたらいけないという感覚がないから。私とかは、本当はガールズバーとかで働きたいけど、最近都内のガールズは年確キツイし、夜仕事だと学校行けないし。卒業したら100パーセントキャバ入るつもりですけど、その修業のつもりなんですよ。セックスなしで女売る商売の修業ですね。実際、路上アイドルじゃないですか。アキバ系も客取るのは女力だし、メイクとトークと仕草と、どうすれば男が喜ぶのか、みんなそれで努力してる。そのためには絶対自分のセンス的に許せない格好とかだってする。もちろんそうじゃない子がいるのは分かってる。お金じゃなく、単にかまちょ系の子とか。自分から個撮に引っ張ったり、グッズから攻めたり。売り子女の客獲得としてはおいしいのかもしんないけど、そんなの店の裏オプとかじゃ絶対なくて、完全にその女の裏引きですよ。だいたい、リフレもお散歩もそんなに儲からない・自由出勤のバイト感覚だから、裏オプ我慢してまで働きたい子いない。なんていうのかな、奉仕系っていうんですかね。アキバの男の人って露骨に『性に恵まれない人たち』じゃないですか。そういうのに対する奉仕系なんですよ、私らの仕事は。ヘルプぼっちみたいな感じの。実際私とか、卒業したらキャバやりつつ、将来奉仕系？　っていうか福祉系の仕事？　そういうのに就きたいとか思ってるんで」

高い職業意識に驚いた。似通った言葉は、地方のアンダー店デリヘルで働く少女らからも聞かれる。それは自らの身体と「女」を資源とする職人意識であり、男子であれば建築職人の言葉に近い。そのためだろうか、彼女らが付き合いたいと思う彼氏のタイプも「かっこよくてちょっとイカつい職人系」だったりする。

そして同様のモチベーションと業態分類は、成人女性のセックスワーカーにも当てはめることができるだろう。成人女性は自力で出会い系サイトなどに登録することもできるから、「出会い系フリー」と「援デリ業」の位置は変わるかもしれないが、いわば「非本番系・高ギャラ」はワーク系で、売春ワークはサバイブ系や財布系に偏在するわけだ。

こうして、セックスワークの中に埋没する「最貧困女子」を可視化することで、初めて生産的な議論ができるのではないだろうかと思う。では次章では、その生産的な議論の素材を提示したい。最貧困少女、最貧困女子は、どのようにして救済すればいいのかだ。

第五章 彼女らの求めるもの

加賀麻衣さん（21歳）の場合

繰り返すが、制度の問題や支援の具体案などについては、やはり専門性の高い人々の議論の中で話し合ってほしい。僕の仕事は、不可視化された最貧困層である女性・少女らの生きる風景、どれほど彼女らが分かりづらいところにいるのか、どれほど苦しい思いを抱えているのかを描き、聞き取れた「当事者側が求めるもの」を提示することだと思う。困窮状態にある者を順序化することが正しいかは分からないが、まずは「最貧困少女」が「最も救いづらい者」になるケースから読み取ってみたい。

「やっぱまだ入んねえか」

この一言は、加賀麻衣さん（21歳・仮名）が小学校5年生のとき、母親の交際相手の男に布団の中で投げかけられた言葉だ。母親の彼氏が彼女を強姦しようとし、失敗したときの言葉を、麻衣さんは笑い話として話した。性的虐待の経験者の多くが自らの経験を封印してしまいがちな中、彼女は突き抜けてしまっていた。

麻衣さんがある地方都市で生まれたのは1990年、3歳年上の兄と2歳年下の弟がいたが、実の父親についてはまったく知らないという。小学校に入るまでは母親に連れられて様々な男の家を点々としていたが、麻衣さんが6歳の頃からは母親の「一番の彼氏」であるタカさんという男の家を一家の拠点と定めた。とはいえ、母親は他に気に入った男ができるたびに兄と弟をタカさん宅に残して麻衣さんとふたりで出奔。そして数ヶ月もたずにタカさんのところに戻るということを、何度も繰り返した。

その間、麻衣さんは小学校には行っておらず、母親の彼氏の部屋にいたり、彼女が邪魔になるときは金を握らされてショッピングモールやゲームセンターに置き去りにされたりして過ごした。つまり彼女は短期的な居所不明児童生徒（住民票がありながら1年以上居場所が分からず、就学が確認できない小中学生のこと）だったわけだ。

「だから小学校のときのあたしは、レアキャラだったわけですよ。友達とか『今度はどこ行ってたの？』とか聞いてくる。でもママは超恐れられてましたね。いまはまだマシだけど、その頃のママ、マジで怖かった。家に友達呼んだときとか、鬼のよーな形相で『うるせえぶっ殺すぞガキ！』とか絶叫するし、あたしも弟も家の中でランニング・ネックブリーカー（プロレスの技）食らって気絶するし。いっぺん友達にもやって、親が出てきて警察沙汰ですよ。地元の伝説ですよね、もう」

一番目の彼氏であるタカさんは、実質的に麻衣さんたち兄妹の育ての父だ。母親よりも10歳以上年上だったタカさんの仕事は、実はよく分からない。元ヤクザだといい、手首足首まで真っ青に刺青が彫り込まれていたが、結構家にいることが多かったし、兄妹に対して暴力を振るう母親に対して暴力で応酬することもあった。そんなタカさんからの言葉が「やっぱまだ入んねえか」だ。

中学校2年生になる頃には、もう学校には自ら行かなくなった。3歳年上の兄は中学校を卒業後、格闘技の道場に通いつつ、タカさんの紹介してくれた足場屋（建物の建築や外壁塗装などの足場を組む業者）で働き出していたが、この兄にくっついて麻衣さんも道場に入門。1年間は兄と一緒にタカさんの家や兄の友人の家などを巡りつつ、格闘技に集中した。その間にできた彼氏と同棲した時期もあったが、半年もせずにちょっとした言い合いをキッカケに殴り合いの喧嘩になり、華麗な回し蹴りを決めて飛び出してきてしまった。

母親がケツもちで売春の勧め

「その彼氏も道場の人だったから、道場やめるしかなくて、いっぺんタカさんの家に戻って。まあ、（セックス）されましたよね。当然。別にいいかって思ってたけど、金もらえたし。でもその頃がママと一番揉めた時期ですね。反抗期だったたし、あたしが金持ってると、『なんでテメェが金持ってんだ』って。ママその頃、身体壊してタカさんのところにいたから。でもママ、別に格闘技とかやったことないのに、スゲー強いんですよ。ガチでキャットファイトですよね。何度か負けて金取られて、それであたしが『タカさんとやってもらった金だぞ』って言ったら、『なんだあんた、ウリ（売春）やんなら言いなよ。私がケツもってやるから』だって。実際、ママがどっかの男連れてきたときもあった。やんなかったけどね。それで本気でムカついて、何とかこの女に勝たないと駄目だって、寝てるときに首絞めたりとかしたんですけど、最後あたしが勝って土下座させました。そうしたら、それから態度コロッと変わって、なんかキモいんですよ、『やっぱあんた私の娘だわ』みたいなこと言われ。でもまあ、あたしも仕事とかどうするか決まってなかったんで、結局ママの紹介でR市（タカさんの自宅の隣町）にママの知り合いがやってるパブがあって、酒飲まないって条件でバイト始めたのが、中3の夏ぐらいで、最後はちょっと学校も行ったけど、昼に行って授業受けずに帰るだけでした」

その後の彼女の遍歴は、推して知るべしか。16歳でパブの客（32歳）と付き合って同棲したことを店のママに咎められて出奔。そのときまで、常に母親から金の無心をされていたし、財布の中から金を盗まれたことも一度や二度ではなかった。出奔後は兄の彼女の友達の紹介で、K市（付近の中核都市）の援デリに入るが、ここでも客に回し蹴りをする暴行事件を起こして逃げ、業界のお尋ね者に。この援デリ時代の客の男がM市（隣県の中核都市）に住んでいたのでそこに転がり込み、年齢確認を誤魔化してデリヘルに勤めるようになる。

この時点で17歳、初めての妊娠と出産。だが彼女は、自分の娘が乳離れすると同時に、タカさんの家に戻ってきてしまった。理由はM市の男が浮気をしたからだ。もちろん、回し蹴りで相手を蹴り飛ばして、飛び出てきた。結局それから彼女は、地元のクラブとデリヘル店を掛け持ちしながら暮らし、取材の時点（21歳）では新しくできた彼氏と同棲を始めたばかりだという。娘は前の彼氏のもとに置き去りにしたままで、その彼氏の母親が育てているというのだが。

「それで、あたしも落ち着いたんで、子供取り戻したいんですけど、会わせてももらえないんですよ。法律上はあたしの子供ですよね。そいつと入籍したわけじゃなかったんで。そいつ金ないし、絶対あたしが育てたほうがいいんですよ。そういうの返さないのって、おかしいと思うんですけど。実は弟がヤクザになっちゃったんですけど、それ持ち出されて『ヤクザの姪っ子になんかしたくない』とか言われて。もう力ずくでブン取ってきてやろうとか考えてるんですけど、この場合って誘拐になるのかな」

将来に抱える貧困の地雷

麻衣さんは、僕が取材した中でもトップクラスの「もうどうすればいいのかわからない」女性だ。取材時点で彼女の収入は、クラブ勤めとデリヘルと合わせて月収40万円以上。同棲する彼氏はホストクラブの幹部で、ふたり合わせて月収100万円近い収入があった。そのうち10万円ほどは、母親とタカさんに仕送りしているという。貧困とは程遠い状況だ。勤めるデリヘルのホームページには、トップページに一番大きく麻衣さんの写真が載っている。そう、彼女は、彼女の母親もそうだったように、誰もが認める容姿の持ち主だった。

おそらく彼女のいまを見て、彼女の過去を聞けば「可哀相だけどいまが幸せならいいじゃない」「放っとけよ」と言う人が大多数だろう。だが彼女は、彼女の母親がそうだったように、将来的には大きな貧困の地雷を抱えている。さらに、自らの子供に対して貧困状態を連鎖させ、子供を引き取ったとしても確実に虐待の種を抱えている。とにかく何かというと手が出る麻衣さんだ。

麻衣さんの指は、宝石のように綺麗なネイルでデコレーションされていた。澄み渡るスカイブルーと夕暮れの空を思わせる赤が微妙なグラデーションを描き、その中に星がきらめく。まるで砂漠の夕暮れと一番星のような光景だ。聞けばなんと、自分でやったものだという。

「ジェルネイル？　UVライト（紫外線照射器）なんか2000円で売ってるし、ネイリストの人がやってるの何度か見てたら覚えるでしょ？　右手はどうするかって、右手でやれることは左手でもやれるでしょ」

シレッとして言う彼女には、手先の器用さや芸術的な感性があるようだった。だがその手で彼女は、他人を殴る。これまでの恋愛遍歴はほぼ彼女の必殺回し蹴りで終わってきたから、自らの暴力的な衝動については麻衣さん自身も悩んでいる部分だ。現在の彼氏も、キレて蹴り飛ばして終わってしまうかもしれないし、それは現在勤めるふたつの店でもそうだ。だが、その衝動が抑えられない。

「ママについてはしょーがない人だし、いまは半分殺したいけど半分は許してる。あたしとママって似てるから。子供の頃のこと、つらかったけど、いまはそれで良かったって思ってる。そういう育ちだから、しょーがないじゃん。だからいまのあたしがあるし、少なくともいまあたしは同世代より稼いでるし。でも暴力は遺伝でしょ？　それはママのこと恨んでる。どうしてそんなに手が早《はえ》ぇんだよって」

そうなのだろうか？　それでいいのだろうか？

過去を過去として流すことは、麻衣さんにとっては、きっと必要なことなのかもしれない。だが、彼女のことは、絶対に誰かが救わなければならなかった。でも誰も救わず、最終的にもう彼女は誰もが救いづらい人となってしまうかもしれない。おそらく彼女の母親がそうだったようにだ。

麻衣さんのケースを紹介したのには理由がある。まず、彼女は本人がどう思おうと、子供時代に制度としてその状況を捕捉し、保護してやらなければならない存在だった。その制度の捕捉率の低さと来たら、呆れるばかりだ。まず母親が他の男のところに身を寄せるたびに行動をともにし、住所地の小学校に登校していなかった麻衣さんだから、少なくとも小学校の教員は異常な事態に気づいていたはずだ。気づいていなかったとは言わせない。また彼女は「子供の頃予防接種を受けていない」と言う。自分の子供ができてゼロ歳時の予防接種について医師から説明を受けたときに、「予防接種って何だっけ、あたし受けてねぇわ」と気づいたというのだ。予防接種を受けないことイコール育児放棄状態とは言わないが、例えばここで学校の教員と地域の福祉や医療が連携していれば、明確に異常な環境を察知できたはずだ。

確かに育ての親のタカさんという男性は手首足首まで刺青びっしりで、母親は地元の子供たちから「恐怖のオバサン」として有名なほどの切れキャラ。対して教員や地元の児童福祉のスタッフは特にこうしたコワモテに対処する訓練を受けた人々ではないから、相当怖い思いもするだろうし、彼らがどこまで個人の家庭の事情に介入するかという線引きもあるが、やはりここで「積極的介入」のためのガイドラインはほしい。

などと言いたいことは尽きぬが、虐待家庭への積極的介入や援助的介入といった議論はそれこそ盛んに専門家らのフィールドで行われているので、そちらに譲る。

最も問題なのは、麻衣さんの現状を「このような風俗嬢がいます」と紹介することが、他のセックスワーカーからすれば「こんな女ばかりじゃない!」「セックスワーカーの議論を妨げる存在ばかりをあえて報道するな!」と糾弾されかねないことだ。

確かに彼女は、世代間で連鎖するセックスワークの中にあり、連鎖する虐待の当事者かもしれず、将来的には貧困の連鎖の引き金を引くかもしれない。元被害者であり、現状、加害者予備軍。だが、そんな麻衣さんのようなタイプから目を背けることは、生産性のある議論には何の役にも立たない。

小学生時代に救いの手を

整理しよう。

第一に必要なことは、彼女らが路上に飛び出る前に、それ以前に地元同年代で作るコミュニティの中でセックスワークに取り込まれる前に、彼女らを救済することだ。実は地元同年代のコミュニティといっても、その中にいるのが全て虐待や貧困の中で育った少女ではない。多くの取材を通じて確信したのは、彼女らが共有するのは、貧しさよりも「寂しさ」ということだった。ひとり親世帯がこれほどまでに増え、共稼ぎ世帯が当たり前となった昨今では、「家に帰っても誰もいないし、食事の用意ができていない」という状況は、もはや一般的なものとなってきた。子供たちにとって、寂しさはもう当たり前のものだ。

まず必要なのは、ひとり親世帯の経済的支援。これは言うまでもない。ひとり親が非正規のWワーカーであることもまた、一般的な風景。経済的余裕とは、すなわち子供と過ごす時間そのものだし、余裕のなさが虐待や育児放棄の大きな要因なのは、これまた言うまでもない。子供の抱える寂しさは、ある程度制度で補填できるものだと思うのだ。

加えて求められるのは、「居場所ケア」とでも言うべき支援だろう。例えば現状では放課後の小学生の居場所作りとして学童保育があるが、昨今少子化にもかかわらずこれの満員問題が噴出している。また、小学校低学年を対象としていて、小学4年生で通えなくなるというケースも多い。委託時間が17時までと限られている場合が多く、おやつ以外に「夕食サービス」があるところは少ない。結局、親が夜の職業をしていれば閉館後の孤独は変わらない。

実はここで、非常に興味深い取材コメントがある。僕が取材した家出少女の中には小学校時代に学童保育に通っていたという少女も少なくなかったのだが、高学年まで通える学童を利用していた当事者少女は、「学童ってウザいんだもん」と言うのだ。

なぜウザいのかを聞けばごもっともで、学童では出欠確認や連絡帳の提出があったり、放課後に行くはずになっていた学童に行かないと何をしていたのか詰問されるのが嫌だったのだという。あと「ゲームがない」。高学年にもなれば、本の読み聞かせなど「ガキっぽいことに付き合ってらんない」という気持ちもあるし、同級生たちと遊びたくても常に低学年の子が邪魔をしてくるし、同級生も塾に通う余裕のある家庭の子は学童から遠のく。結局馬鹿馬鹿しくなって行かなくなってしまったと、この少女は言うのだ。

では少女本人はどんな学童保育だったら良かったのかを聞くと、回答は明快だった。

「小学校終わるじゃん？　そうしたら放課後に友達と遊んで、それで夕方か夜になって腹が減ったら学童に行って食事して、ゲームしたりテレビ見たりして、その後にでも親が迎えに来てくれれば良かったと思う。あと親が切れてる（虐待する）とき、夜遅くとかでも行ったら入れてくれて、泊めてくれるんだったら最高だった。実際（小学）3年のときとか、親に家から追い出されて、学童行ったのね。閉まってるでしょ？　開いてたら良かったって、いまでも思う」

何も子供の望むこと全てを叶えろというわけではないが、この少女の本音には大きなヒントが隠されてはいないだろうか？

少なくとも現状の居場所ケアは子供にとってあまり居心地の良いものではないようだし、これは「制度より私的なセーフティネットのほうが肌触りが良い」というセックスワーク周辺の事情とまったく同じだ。だが、学童保育が子供を委託され管理する場ではなく、子供自身のQOLを上げることを目的とした居場所ケア、サービス性の高い場となれば、状況は随分と変わるはずではないだろうか。

少女の言うように、夕方から来れる。食事が出る。来所しようとしまいと、それを強制管理されない。親からしても、これは大きな負担の軽減となるはずだろう。こうして利用価値の高い居場所ケアがあれば、そこは貧困や虐待といった家庭の問題が可視化する場ともなるはずだ。親子分離が必要なほどの状態を捕捉もできずに放置してしまうような悲劇を防ぐ防波堤にもなるのではないか。

何度も繰り返すが僕自身は何の専門性も持たない一介の記者だし、こうした議論は専門家の中で散々なされているが、当事者である少女らから、しかも非行に非行を重ねた家出売春少女から「もっといい学童保育があれば良かった」などという言葉が出てくるのは、専門性の高い方々にも意外なのではないだろうか。

そもそも少女らの地元同世代のコミュニティといった不確かなものに制度の不備を補塡させてしまうから、そこに小学校時代からセックスワークへの接点が生まれるような不自然な事態が起きてしまっているわけで、現状存在する設備である学童保育といった場の充実や雰囲気を補正することは、ひとり親への経済支援などという大課題よりは随分とハードルは低いようにも思える。

学童保育についてはあくまで一例だが、ここで何より大切なのは、当事者の少女らが「何に飢え、何を求めているのか」だ。

その他、子供と一番長い時間を共有する小学校の担任教員と地元の児童委員・児童相談所職員などの連携や、専門性の向上、児童養護施設や里親制度の改革など課題は多いが、やはり議論は専門家に譲る。

未成年がセックスワークに取り込まれた後

では次に、未成年が既にセックスワークに取り込まれた後についてだ。18歳未満の少女を性風俗業で雇用することは違法で、だからこそ「サバイブ系」の少女らは売春ワークに吸収されていく。そのルートには、「路上の支援者」たちがいて、彼らは少女らにとって利便性の高い私的なセーフティネットを提供してくれる。本書では事細かにそのことを書いてきたし、僕自身そんな少女を使う援デリ組織を多く取材しておきながら、さらにその稼ぎで最悪の困窮状態（路上生活）から抜け出すことができた少女らも取材しておきながら、最終的に出した僕の結論は「未成年サバイブ系の売春ワークはNG」だ。

取材をした援デリ業者の中には、待機のワゴン車に「ウエトラ100本入りボックス」「個人輸入したキシロカインゼリー」を常備していたケースがあった。ウエトラ＝ウェットトラストとは、スティック状の性器用潤滑ゼリー。キシロカインゼリーとは性器周辺にも使える局所麻酔薬だ。働く少女らの中には、違法なドラッグでもあるケタミンを局所麻酔に使っている者もいたし、お気に入りの「マイゼリー」を可愛らしいポーチに入れて持っている者もいたが、それでも対処できずに常に性器から出血が続き、タンポンとナプキンを頻繁に取り替えている少女もいた。性感染症の危険性も常にある。少女らの中には「もう私は子供産めないだろうな」と呟く子もいた。

麻酔薬で性器を麻痺させ、潤滑剤を使って挿入する。彼女らの性器に対する認識はあくまで「道具」だったのだ。

やはり肯定はしたくない。未成年の性器を道具化するビジネスなんて絶対に、認められない。たとえ少女らが「ワーク系」の意識をもって自発的に働いていようと、毎日の売春というのはやはり非人道的な行為なのだ。

ではどうすれば良いか。ここでやはり、当事者の求めているものについて考えてみたい。まず路上生活状態にある少女が何よりも求めているのは、ひと時でも良いから何者にも怯えず何者にも自由を奪われずに「ゆっくり寝ることができる場所」。実はこれでしかない。もう、余計な指導・詮索は受けたくないし、相談すらしたくない。ただ何も言われずに自由に休める場所が欲しい。これが家出少女らから聞き取った、彼女らの最大の希望だった。

だとすれば、これはセックスワーカー周辺者以外の支援者、しかも民間の支援者が必要だ。具体的には、現在稼動しているDV被害者女性や人身取引被害者女性などのシェルターについて、未成年でも活用できる施設を増やすこと。さらには「少女の側が利用したくなる施設」とすることだ。

現状シェルターでの保護時には、外出制限・門限などがあったり、携帯電話の没収などもあるようだが、少女が利用する上でハードルとなるような取り決めはできるだけ排除したい。こうした柔軟な対応は民間だからこそできることだろう。短期でもいいから宿所機能をもち、保護期間内に専門性の高いソーシャルワーカーが少女の抱えている家庭の虐待問題などにも介入し（もちろん本人の回復を待ちながらだ）、少女の自立再生を第一目標として支援する。

本書でも何度も指摘したとおり、路上生活に飛び出す少女らの多くは、地元の児童相談所や警察といった制度側とは根本的に相性が悪く、その理由は彼らの支援の根本理念が「親がいるなら親元に戻す」「親子関係が破綻しているならその解決に助力する」に終始していることに他ならない。そこに「少女自身による独立」という選択肢がないのだが、それこそが彼女らの求めるものなのだ。親権者と対峙してでも、少女自身による自立と再生をサポートすること。それが支援者にできる何よりのことではないだろうか。

また、多くの家出売春少女を取材した中で感じたのは、彼女らが常に「自由とリスク」を天秤にかけているということだった。劣悪な環境の親元を飛び出して売春ワークに入り、日々の売春は苦痛だし危険だが、元の環境に戻るよりは自由がある。どこまで苦痛に我慢できるのか、彼女らはそんな限界チャレンジを続けながら、次第に消耗していき、抜け出せない貧困の中に固定されていくように見えたのだ。そんな彼女らにとって、「自由を奪う支援」はやはり、肌触りが悪い。民間の支援者がやれることは、あくまで「彼女らが利用したくなる支援」なのだと思う。

一方、警察や補導員によって彼女らが捕捉された場合について。昨今聞かれる「売る側の少女にも罰則を」といった言説はあまりに無理解で無意味のため論ずる価値もないと思うが、願わくば「補導はチャンス」と言えるようになってほしい。地元児童福祉も何もかも振り払って逃げてきた少女らにとって、補導は最悪の事態であったとしても、制度との再接近に他ならないからだ。前述したように現状は「地元児童相談所に連絡→親権者・保護者のもとに戻す」が大前提であり、補導が重なったり他に窃盗や傷害など余罪があったり、他の少女に対する使役関係があれば、児童自立支援施設や家庭裁判所への送致もある。

これでは一層彼女らは社会から遠いところに追いやられ、孤立し、その痛みや貧困は不可視化してしまう。

確かに彼女らは手に負えない非行少女なのかもしれないが、本質的には被害者なのだ。徐々にでもこんな四角四面の方針が改善されていかなければ、いくらなんでも少女らが救われないではないか。

セックスワークを「正当な仕事」として確立する

一例に過ぎないが、未成年の少女らが求めているものと、それにフィットする支援の提案については、以上となる。だが18歳の誕生日を迎えた元家出少女や、貧困の中からセックスワークに取り込まれていく成人女性についてはどうか。彼女らは果たして何を求めているのだろうか。

そう考えたとき、どうしても避けて通れない、そして苦肉の策ともいえるのが、「セックスワークの脱犯罪化・正常化・社会化」だ。

本書では、セックスワークの周辺に私的なセーフティネットがあり、そこにいる人々と女性との間に強い親和性があることを度々指摘してきた。本来ならば女性の貧困は制度が救いとるものであってほしいが、現状で私的セーフティネット以上に当事者に肌触りが良く柔軟性に富んだものを制度側が作ることは、とても可能とは思えない。

だが、ここには大きな問題がある。いくらその私的セーフティネットが「彼女らの求めるもの」だったとしても、それはあまりにも不完全で不健全なものだということだ。彼女らはそれを求める。だがそれは不完全すぎる。この状況を打開するために必要なのが、セックスワークの正常化だと思うのだ。

まずは当事者女性の要求に即して、実現性の低いものも含めて、提案していきたい。

第一に非本番系の風俗ワークについて。これら周辺の私的なセーフティネットを提供する「路上の支援者」は、一段階レベルアップしなければならないだろう。例えばスカウトと女性は、明確な契約のもとにあるべきで、スカウト会社は本来業務の内容通り人材派遣業として届出をし、現状では単に看板料を払っている個々のスカウトも、このスカウト会社に雇用されるべきではないだろうか。その上で、風俗店とスカウト会社も明確な契約のもとで、女性の権利を守るのが正当な業務だ。

加えて、風俗業界には現状では適正価格がないが、これは女性の労働に応じた最低賃金の基準がないのがそもそもおかしい。セックスワークは決して楽ではない肉体労働なのだから、少なくともそれに見合った最低賃金があるべきだ。例えば週5日出勤すれば「最低限文化的な生活が送れること」が保障される。これが「ワーク」というものだし、この最低賃金が出れば、風俗店は諸経費を計算した上で採算が合う適正価格が決められるし、スカウト会社も適正な派遣料を算出することができるのではないか。現状では売れる風俗嬢で得た収益は風俗業者の丸儲けで、売れない女性には還元されていない。そういう世界なのだといわれればそれまでだが、この状況を放置する限り、セックスワークはずっとアンダーグラウンド、違法に近い業態という認識から抜け出せず、スカウト会社はしょせん女衒集団、風俗店もしかりという状況から抜け出せないのではないかと思うのだ。

こうしてセックスワークが社会化していけば、ようやく彼女らを社会保障の中に取り込んでいくことができる。ちなみに昨今建築・建設業界では2017年度に日雇い労働的な雇用でも年金や健康保険への加入を100パーセント義務づけることが決まり、雇う側からは「それでは採算が取れない」、雇われる側からは「手取りが下がるなら余計なお世話」と苦情が上がっている。僕が取材してきたセックスワーカーにもこの「アンチ社会保障・手取り収入優先主義」のメンタリティは強かったが、そもそも予算が先に立つ建築・建設業界と違って、セックスワークの場合は「本来の適正価格を上げる」ことが可能だし、価格上昇の分は性風俗の利用男性が負うべきものだ。そもそも国からの天引きを見越しての適正価格であれば、不満を封じることはできるだろう。

また、四角四面の行政・福祉に対して斥力のある女性が多いのであれば、それこそスカウト会社や風俗店側がソーシャルワークのできる人間と顧問契約を結べばいい。幸い風俗業界周辺には営業許可関連で行政書士がいたりもするではないか。生活的困窮状態にある女性ならば生活保護の受給申請支援もできるし、無保険状態なら健康保険の申請もサポートできる。10年以上前に「風俗自由業ユニオン」というセックスワーク当事者による労組が作られたこともあったが（その後の消息が分からないが）、当事者側ではなく雇用側の用意する支援策であれば、路上生活に近い状態にあった女性に対する転居や住民票移動の手続き支援や、子育てに関する様々な事務を支援してもらうこともできる。いわば夜職総合相談窓口である。

また、風俗業には明確ではないにしても「限界年齢」があり、セックスワークをやめたあとに緩やかに他職種へとランディングするためのガイドライン作りや自助組織がなければ、最終的に元セックスワーカーの貧困中高年女性を量産する現場となってしまう。こうしたガイドライン作りも、彼女らを正当な形で雇用するからこそできることだ。金に苦しんで業界に入り、「飛んじゃった」「あとは知らん」では、セックスワークはやはりグレーゾーンでしか語られないのだ。

セックスワークの社会化は諸刃の剣

と、綺麗ごとを書き並べてみたが、実際このセックスワークの社会化については、既に多くの議論がなされ、大きな壁の前で膠着に近い状態にある。ひとつの壁が、現状では性風俗店の経営は風適法（風俗営業等の規制及び業務の適正化等に関する法律）においては合法であるにもかかわらず、そこに女性を斡旋する業務（現状のスカウト業）は職業安定法で違法となっているという矛盾だ。職業安定法では性風俗は「有害な業務」となっている。この矛盾は、結果的に議論を非常に複雑化してしまう。

まずセックスワークを正常化するためには、業としての性風俗を適正化するための取り決め（働く人の人権保護や関係法規の遵守、衛生既定など）を作らなければならないが、風適法は「そもそもいかがわしい業である性風俗業を規制する」という立法趣旨が前提にあるために、この法の中で新たに適正化の取り決めを作っていくことが大変困難だ。同様に、現状の性風俗業は許可制ではなく届出制であり、開業のための審査や「欠格事由」が存在しない。これもそもそもいかがわしい業である性風俗業は規制こそすれ管理監督する必要はないという判断か。だからこそ、現状では明らかに劣悪な環境で女性を働かせたり「性被害」と言っていいような現場に女性を送り込んだりといった無法状態がなくならないわけだ。上記のような社会化論は、この法の前では無力だろう。そもそも性風俗が反社会的な業として既定されてしまっている以上、あらゆる前向きな議論がスポイルされてきたのだ。

加えて、セックスワークの社会化には諸刃の剣の側面がある。法規を適正化したとして、職業としてのセックスワーカーの社会的地位を高めていき、彼女らが労働者として保護されるようになるということは、同時に「彼女ら自身が法規を守りつつ納税者として社会化する」ということでもある。ここで想定されるのは、残酷な二極化だ。

社会保障の中に組み込まれた結果、手取りが減っても十分稼げる女性（容姿や体型・メンタルの安定度といった基準を満たす）はまだいい。だが、本書で散々描いてきたセックスワークの最下層、まさに最貧困女子層はどうだろう。「三つの無縁」「三つの障害」を重く抱えた層はどうだろう。彼女らは間違いなくここで、切り捨てのターゲットとなる。

適正価格ができたとしてもそれはおそらく「雇用基準を満たす女性」をベースにしたも

ので、そもそもセックスワークでもほとんど稼げない女性を基準にはしてくれない。結果、現状では風俗ワーク底辺でかろうじて留まっている女性が、売春ワークに落ちていくことになりかねないのだ。

そして最大の問題は、その売春ワークについてだ。売春が違法である以上、セックスワークの社会化を目指す当事者がそれを容認してしまえば、せっかくの社会化をスポイルすることになりかねない。かといってセックスワーカーが売春ワーカーを「一緒にしないでほしい」と忌避すれば、結局は売春ワーカーの貧困はいま以上の不可視状態に陥ってしまう可能性もあるではないか。

セックスワーカーと支援者の断絶

問題は根深く、簡単に答えが出るものなどでは決してない。だが、苦肉の策としてもセックスワークの社会化が必要だとする理由は、官民ともにこれまで女性の貧困者を支援してきたサイドがセックスワークの最下層に沈む「最貧困女子」を捕捉できてこなかったことに通じる。

セックスワークが旧態依然の「犯罪付近」の業種であり続け、セックスワーカーが市民権を得ないということは、女性がセックスワークに参入することそのものを「悪いことだ」とし、連綿と続いてきたセックスワークそのものに対する社会の偏見や差別的・敵対的な視線を今後も放置するということに他ならない。このことは、貧困や虐待の中に育つ少女らが幼少期から「制度の無縁」を萌芽させたのと同様、セックスワークの中にいる貧困女子にも制度への斥力を生むことになる。

例えば前出の麻衣さんの母親は元々関西の出身で、中学卒業後にホステス業に就き、大阪の飛田新地（歓楽街）でソープ嬢をやってきたという過去がある。つまり麻衣さんはセックスワーカー二世だったわけだ。そんな彼女を支援しようとする者が「性風俗は悪」と言えば、どう思うだろう。セックスワークそのものを否定することは、彼女の現在の人生と、彼女の母親も否定することとなる。そこに大きな斥力が生まれるのは当たり前の話だ。

では、既存のフェミニズム系の女性支援団体はどうだろう。その多くが、セックスワーカーの中でも「仕事の中で被害を受けた」「性的搾取を受けた」という女性の声を聞き取ってきているように見える。それはそもそもその団体がセックスワークに対して肯定的ではないからではないのか？　こうしたポジショニングでは、「ワーク系」の意識が高いセックスワーカーが貧困状態に陥ったとしても、決して支援の手には繋がらない。上記の未成年家出少女のシェルター案についても、セックスワーク全てを否定する支援者に少女らは寄り付かないだろう。

だが、少なくともセックスワークの社会化と、支援者サイドのセックスワークに対する意識改革があれば、そこに様々な展望が生まれる。例えば現状では、スカウト業者が未成年をキャッチしてしまい、少女の背景に貧困や虐待があったことに気づいても、スカウト業者はどこに相談すればいいかも分からずリリースするか、搾取者として囲い込むかの二択しかない。スカウト業は各都道府県の条例でがんじがらめに縛られ、未成年者に声かけをすること自体がリスキーなのだから、相談先がないのも当然のことだ。中には「社長系」の高所得な男に少女を紹介し、部屋を用意してもらったという話も聞いたが、この際スカウトは50万円をこの男から受け取っていた。これはもはや単なる「人身取引」だし、厳罰の対象だ。

だがそこで既にセックスワークの社会化と支援者の意識改革が進んでいれば、スカウトがこうした少女・女性を専門性のある支援者に繋ぐことも可能になるはずではないか。稼げる女性はスカウト業者の本来業務である風俗店への斡旋をしつつ正当にサポートし、稼げないけど困窮状態にある女性や路上生活状態にある少女ならば支援者の手に繋げる。これが理想だ。

支援する側も、セックスワークに対する一定の理解があればこそ、本来そこでは食べていけないはずなのにそこに居続けて貧困状態に陥る女性や、障害を抱えて劣悪な環境で働かされている女性について、アプローチできようというものではないだろうか。ここで初めて、最貧困女子の苦しみは可視化するのだ。

だが現状は、こんな理想とは程遠い。スカウト業などといえば支援者サイドとはほぼ敵対関係に近いし、「性的搾取の当事者であり極悪人」ぐらいの目で見られている節もある。このままでは、何も始まらないではないか。

彼女らの住む世界がグレーゾーンであり続けることは、「人の見えないところで人の嫌う仕事をしている」という無用な生きづらさを作ることでもあり、セックスワークの底に沈む最貧困女子を一層不可視状態にするだけだ。

まずはこの当事者と支援者の断絶を取り除くためにも、段階的なセックスワークの社会化を望みたい。制度的な変革が無理だとすれば、せめてセックスワークの経営サイドの意識改革を促すような動きと、従来の女性支援勢力が、きちんと手を結んで同じテーブル上で話してほしいと思うのだ。

恋活議論の必要性

最後にもうひとつ、炎上覚悟の爆弾を投げたい。セックスワークの当事者・支援者たちには、ぜひとも「恋活のシステム化」を試みてほしいのだ。恋活＝恋愛活動。小難しい話をしているところでいきなり安っぽい話に感じるかもしれないが、僕は本気だ。

そもそも従来のフェミニズム的議論のテーブル上では、恋愛への依存や共依存は強く否定され続けてきた。依存と共依存はDVの温床、恋愛至上主義こそ不幸の始まりとされ、女の自立は職業訓練と経済的自立で男に依存せずに生きていくことだとされてきた。暴力や虐待が、恋愛で得られる承認で解決するものかと言われてきた。白馬の王子なんか来ない。だから自分に投資しましょう。だから自分で自分を肯定して頑張ろうよ！　そうエンパワーし合ってきたのが、これまでのフェミニズムだったと思う。それこそ恋愛の肯定は、前段のセックスワークの正常化の真逆を向いた論かもしれない。

だがこれもまた、セックスワークの中にいる最貧困女子からすれば、非常に身近な議論ではないのか。なぜなら恋愛は、彼女らが非常に強く求めるものだからだ。彼女らに、男に養ってもらうことが前提の恋愛や結婚、いわゆる専業主婦願望などはない。ただただ切ないほどに強く、恋愛に吸引される。なぜだろうか。

実は僕が取材した家出少女たちの多くは、その後も継続して連絡が取れるケースのほうが稀だ。そんな中で、何年も継続して連絡が取れる者には顕著な特徴がある。それが、長期間関係を継続できる「いい彼氏」と同棲状態に入ること。結婚、出産をしていることだ。

これはなぜか。考えれば単純な理由で、そもそも「逃亡者」として路上生活状態に入った少女らは、行政や福祉から完全に断絶した状態にある。同棲できる彼氏を見つけたとしても、住民票住所は実家のまま。都市部にいれば運転免許も必要ないし、健康保険は知人から有償貸与してもらえばいいし、風俗業に勤めていれば確定申告はしないし納税もしない。こうした根無し草の状態から半ば強制的に行政や福祉との接点を回復させるのが、結婚と入籍であり、出産で産科医療にかかったり、子供の出生届を出すというタイミングなわけだ。

家出少女らが総じて恋愛に対して非常に貪欲であるのは、愛情や触れ合いを渇望しながら育ったという背景以前に、少女らが「恋愛や結婚に成功すれば、この状態から抜け出せる」と本能的に察しているからかもしれない。それは決して経済的な依存願望などではなく、孤立無支援という戦場のような日常を送る彼女らの危機回避行動のように思えるのだ。

やはり、このとてつもなく安っぽく聞こえる「恋活議論」から逃げてはならないと思う。

自爆恋愛を避ける、恋活のシステム化

とはいえ、僕の提示したい恋活議論は、決してポジティブなものではない。結婚や出産によって「社会化」を遂げた元家出少女が、継続的に連絡の取れる数少ないケースとなることは前述したが、本当に残念なことに、彼女たちもまた貧困状態から脱出できているとは言えない。それどころか、一度は抜けたはずの売春ワークに、再び舞い戻ってきてしまう事例が、あまりにも多いのだ。

その理由が、彼女らの異様に高い「恋愛自爆率」だ。彼女らは恋愛に救いを求め、恋愛でつまずき、恋愛でひとたび抜け出した貧困の中に舞い戻る。4例の典型的ケースからその自爆パターンを見てみたい。

【CASE1】

例えば、彼女たちの生い立ちと抱えた痛みを理解してくれる彼氏や夫が、なぜか彼女たちを虐待する側に回ってしまうケース。この構図は、少女らの抱えてきた痛みの大きさこ

そが、主因となっている。まず、過去に貧困や虐待のエピソードを持った少女らは、環境が落ち着いたとたんに、その痛みを噴出させる傾向がある。家出生活中は止まっていたはずのリストカットが盛大に復活したり、同棲している部屋の中を目茶目茶に破壊してしまったりという行動がある。ある少女は、彼氏が仕事に行っている間に、ご丁寧に皿の上にした自分の大便を、冷蔵庫の中で冷やしておいたという。なぜそんなことをしたのかを聞けば、「自分でも分かんないけど、あの子（彼氏）なら怒らないかなって思って」。

これはいわゆる「試し行動」。少女からすれば、初めて我がままを言える相手に出会えたので、我がままを爆発させたい！　という感情もあるが、それ以上に裏切られ続けてきた人生の中で、「この人は本当に自分を救える人なのか、偽者じゃないのか、どこまで私の我がままに耐えられるのか」という気持ちもある。取材をしている僕も、彼女らのこうした行動にはブンブン振り回されまくった。取材で待ち合わせに9時間くらい待ったというのはザラにあるが、聞けば大した用事があったというわけでもない。また、取材している最中に「今日、彼氏と9時に待ち合わせなんだ」と言っていた少女が、10時になっても、11時になっても帰ろうとしない。「彼氏待っているんじゃない？　超電話鳴ってるよ」と聞けば、「う〜ん、怒るかなぁ。でも、優しいから怒らないかもしれない」と、なぜかちょっと嬉しそうな顔をしている。

同様の試し行動として、僕が勝手に「別れる詐欺」と名づけた行動も、よく見られるものだ。これは、彼氏と暮らしていて何の問題もないのに、ふいに何日も行方不明の音信不通になってみたり、彼氏の仕事中に「私たち別れよう。そのほうがいいと思う」などとメールをするもの。いわゆる愛着障害なのかもしれないが、「本当に愛されているのか、ここが自分の居場所なのか、また壊れちゃうんじゃないのか」という不安の中で、自ら別れる宣言をし、それでも別れずに一緒にやっていこうと言ってくれる彼氏のアクションが欲しいのだろう。

語りつくされた感のある「試し行動」だが、彼女たちのそれは猛烈に安っぽく、衝動的で、面倒くさい。環境が落ち着けば落ち着くほど、心の中から痛みがたくさん出てくるが、他者にはその痛みが理解不能で、可視化が非常にしづらいのだ。パートナーの男からすれば、「なんで俺はこんなに頑張っているのに、分かってくれないんだ」「なんでこんなにやっているのに、助かってくれないんだ」という無力感が、いつしかDVへと繋がってしまう。理解者を加害者に変えるほど、彼女らの抱えた痛みは大きく、長びく。

【CASE2】

また、これも書くことは躊躇《ためら》われるが、僕が取材してきた子供時代に虐待や育児放棄などを経験してきたセックスワーカーのもつ傾向のひとつに、「二股恋愛」「浮気恋愛」があった。もちろん全てがそうではないし、愛した男一筋一直線な取材対象者もいたが、一般と比較してその傾向は顕著だったように思う。もちろんこれも男にバレればDVや破局を招くこととなる。そして同時に彼女らは「セックスワークを意外に平気でやれちゃう私って変なのかな？」という妙な悩みを抱えてもいた。もしくは、「なんで彼氏ができたからって、風俗やめないといけないの？　意味分かんない」と言うタイプだ。

どういうことなのだろうか？　考えた末に僕が彼女らに名づけたのは「博愛系セックスワーカー」だ。

まず彼女らは、自らの浮気で恋愛をぶち壊しにするが、決して裏切り行為が好きだとか悪意に満ちた性格などというわけではなかった。単に、多くの男を同時に愛せてしまうだけなのだ。これはやはり、幼児期に特定の愛着者のもとで育っていない、愛着者から正常な反応を受けてこなかったが故の、愛着障害なのだろう。彼女らは「限定した愛着者を作れない」。誰でも愛せるけど、誰も本気で愛せている気がしないのがつらいという。

さらにこのメンタリティが、セックスワークの中にいる彼女らを、その仕事の中でも苛んでゆく。セックスワーク否定論者の交わす幼稚な議論に「自分の彼女や奥さんがセックスワーカーでも平気なのか」「女は彼氏や夫がいてもセックスワーカーで平気なのか」というものがあるが、皮肉なことに彼女らは「結構平気」であって、特定の彼氏がいる状態での売春ワークですら心理的ハードルなく許容してしまっていた。許容しつつ、そんな自分は異常なのではないかと心を病むのだ。虐待や育児放棄を背景にした愛着障害がセックスワークとの親和性を生むと言えばもう身も蓋もないが、結果として彼女らは、常に恋愛をして常に失敗してDV被害などに遭いながらも、そしてそういう恋愛しかできない自分をどんどん嫌いになりながらも、セックスワークの中に居続けてしまうというスパイラルに陥っていた。

加えて言えば、彼女ら博愛系セックスワーカーと相性の良い彼氏というのもいた。同じく虐待経験などがあり、特定の愛着者に対する執着がもてない男たちだ。スカウトやホストなどには元々虐待や貧困のエピソードをもつ者が多く、彼女らと高い親和性があることは前述したとおりだが、共通体験があることとは別に彼らもまた「博愛系」なのだ。そんな彼らはやはり、自分の彼女が風俗ワークや売春ワークの中にいても「結構平気」。こうして彼ら彼女らはセックスワーク周辺で出会い、付き合い、互いに浮気遊びなどしながら共依存関係を深めていく。それが健全なのかは別にして、彼らは比較的安定しているように見えた。

【CASE3】

一方で、病み営ホストなどに多いのが、経済的問題から発生するDVだ。前述したように、「お前が居てくれるから俺も生きられる」的な共依存関係は、女性の承認欲求を大きく満たす。だが、お互いがメンタルに問題を抱えている状態では、家庭の経済は成立しないのだ。元家出少女が、彼氏との同棲生活が始まった後に不眠や不安、うつ症状などを訴えて精神科への通院を始めるケース、または精神科の処方以外のルートで入手した抗不安薬や睡眠導入剤に依存する確率は、僕の取材の体感では8割以上だ。場合によっては統合失調症などを発症し、精神科の閉鎖病棟に入院しなければならないケースもあった。

だが、精神科通院や入院、そしてメンタルつらくて仕事ができない状態は、そのものが多大な出費と収入減を意味する。その間、パートナーのシングルインカムでクリアしなければならない。生活費が窮乏すれば、稼げない方、サボっているように見えるほうに、攻撃が向かう。結果として、付き合った当初にどれだけ「支え合ってる感」があったとしても、最終的にDVが始まってしまう。

【CASE4】

いわゆる「逆財布」＝女性が彼氏にお金を貢いでいるケースも、陥りがちな罠だ。夢語りをするホストやバンドマンを、セックスワークで稼いだ金で養う。このケースでは、短期的にはプチハッピーエンドのような例も多かった。つまり、女性側がある程度の収入を確保できている限りは「稼いで彼氏を養っている自分」を肯定できるため、他のケースのようにメンタルがいきなり落ちてしまうわけではない。だがこれが長期にわたれば、そのままで良いのかという自問自答も生まれ、働かない彼氏を批判した時点でDVへと発展する。このパターンが最悪なのは、自分が男を支えてプチハッピーになった成功体験があるため、再び同じような男を選択してしまいがちなことだ。いわばこうした紐男は、遅効性、時限式の地雷だと言える。

人並みの家庭や居場所や、愛される経験が子供の頃からなかった。だからこそ、恋愛し結婚し子供を産み、自分の力で自分の家族と居場所を作りたい。無理解や孤独の中で生きてきた彼女たちの希望は切実だが、自らの抱える闇の大きさに蝕まれ、恋愛や結婚に失敗し、結果として再び貧困や売春ワークに舞い戻ってきてしまう。これは家出少女でなく、地域コミュニティの中に残った少女にも同じことが言える。恋愛、失敗、孤独、貧困。繰り返すほどに傷は深まり、人生の選択肢は狭まっていく。これが僕が取材してきた「家のない少女たち」の典型的末路だった。

だがやはり、彼女らが恋愛を強く求める以上、その気持ちを否定するのではなく、どうすれば恋愛で失敗しないのかをシステム化してほしいのだ。この議論はぜひとも、セックスワーカーの当事者の中で掘り下げてほしい。上記は一例だが、そもそも女性の貧困、セックスワークと貧困などの議論の場に、「恋愛」の二文字を見たことがほとんどない。「貧困女子脱出の得策は恋活」などと言えば、その言葉の安っぽさに失笑を買うか、フェミニストの逆鱗に触れるのが関の山だ。だがこれは、当事者の中でしかできないことだ。自分たちが恋愛で地雷を踏みやすい属性だということを認識し、地雷男の特徴と失敗例を共有するだけでもいい。これは社会が用意する制度などでは決して解決できない、そして大きな問題だ。

総括

総括しよう。本書では、女性の低所得層が増えるほどに、低所得と貧困の境界が分かりづらくなり、その中でも殊にセックスワークの中にある貧困女性が一層不可視状態に陥ってしまうことを前提に、話を進めてきた。不可視状態にある「最貧困女子・少女」にとって、セックスワークには吸引力がある。それは、特に幼少期の虐待や貧困といった経験をもつ少女にとって、そして貧困の中で路上生活に近い状態に陥ってしまった女性にとって、セックスワークが非常に不確かながらも私的なセーフティネットを担っていることや、セックスワーク周辺者が貧困状態にある女性と高い親和性をもっていることが原因だった。そして彼女らに共通するのは、「三つの無縁」「三つの障害」だということにも言及した。だが、女性の貧困が拡大すればするほど、セックスワークへの参入者は増え、参入障壁が高くなるほどに最貧困女子は追いやられ、収入手段としてはあまりに過酷な売春ワークの中へと吸収されていってしまう。

まずは生産的議論の前提として、セックスワーカーを「ワーク系」「サバイブ系」「財布系」で分類することを提案し、生きるためにセックスワークに就かざるを得ないサバイブ系の多くが合法的なセックスワークではなく違法な売春ワーク周辺に偏在する傾向を描いた。

簡単な解決策など示しようがないが、「彼女らが何を求めているか」の観点から、いくつかの拙い提案もさせていただいた。未成年の最貧困少女はまず小学生時代の居場所ケアによって、「売春ワークへ吸引する地域の縁」を断つこと、家出状態に陥ってからは少女らに親和性の高いシェルター作りの必要性がある。18歳以上の最貧困女子については、路上の私的セーフティネットのレベルアップや支援者との断絶を解消するために、セックスワークそのものに正常化・社会化が必要だと提言した。

こんな稚拙な提言しかできないことが情けなくてならないが、格差社会の中でセックスワークに一般の女性が参入する機会が増えている、そんないまだからこそ、様々なステージで議論を始めてほしいのだ。

まず第一歩は、それがどれほど直視に堪えないようなものであっても、彼女らの置かれた現実を知ることからだ。

最も救わなければならない女性が、差別や批判の対象となるような、そんな残酷な連鎖だけはもう断ち切ってほしい。そう願ってやまない。

あとがき

世の中で、最も残酷なこととはなんだろうか？

それは、大きな痛みや苦しみを抱えた人間に対して、誰も振り返らず誰も助けないことだと思う。そんな残酷は誰もが見たくはない。道端で倒れて七転八倒している女性がいれば、多くの人が手を差し伸べるだろう。

だが、その女性が脂汗を拭きながらも平然を装っていたら？　声をかけても「大丈夫ですから」と遮ってきたら？　睨み返してきたら？　その女性との間に一枚の壁があったら？　人々は通り過ぎるだろう。さらにその女性が何か意味不明なことを喚き散らしでもしていれば、人は目を背けて足早に歩き去るかもしれない。

助けてくださいと言える人と言えない人、助けたくなるような見た目の人とそうでない人、抱えている痛みは同じでも、後者の痛みは放置される。これが、最大の残酷だと僕は思う。

観念的なことを書いてしまったが、現代の日本ではこうした最悪の残酷が広がりつつある。格差社会、若者の所得の低さ、特に貧困が単身世帯の女性や、ひとり親（特にシングルマザー）に集中しているという報道は、昨今否応なく耳に入ってくる。だがそんな中、その貧困や抱えた痛みが「不可視化」され、それどころか差別や批判の対象とすらなってしまう女性や未成年の少女らがいること、それがセックスワーク（売春・性風俗）周辺に集中していることを本書では描いた。

本音を言えばルポライターとしての僕の心情は、もう限界だ。

売春する相手への嫌悪感を消すために薬物中毒になった少女がいた。

「身体が売れなくなったら死ぬときだ」と真顔で言う16歳の少女は、初めての売春は小学5年生のときだと言った。その身体中に、虐待の傷痕があった。

街娼する母親のもとに生まれたが、いまは売春で得た金で母と弟たちを養っていると誇らしげに語る中学3年生がいた。

知的障害を抱える母親のもとから家出し、同じく知的障害をもつ姉とふたりで路上生活と売春を1年続けたという少女がいた。

義父からの性的虐待を看過してきた母親に殺意を抱き続ける少女がいた。

風俗店5店舗に連続で面接落ちし、その週のうちに売春相手が見つからなければ「肝臓を売れるところを教えてほしい」と言う20歳がいた。

取材期間中、幼い娘を残して自殺してしまった売春シングルマザーもいた。彼女は売春相手とホテルに向かう際、愛娘が児童養護施設で作ってくれた折鶴を御守りのように財布に入れていた。

何も与えられず、何にも恵まれず、孤独と苦しさだけを抱えた彼女らは、社会からゴミ屑を見るような視線を投げかけられる。

もう、こんな残酷には耐えられない。

繰り返す。抱えた痛みは同じなのに、なぜ彼女らを救おうとするものがこれほどまでに少ないのか。彼女らを放置することとは、例えば病院の待合室で同じ病気で苦しむ人々がいるとして、一方を診察室に入れ、一方を放置する状態となんら変わりない。果たしてこれが正しい社会とはとても思えないし、それを見過ごすことは絶対的に悪ではないのか。

これまでルポライターとして僕は、触法少年少女や犯罪加害者といった見えづらい貧困を抱えた取材対象者の声にならない声を淡々と聞き取って、淡々と書いてきた。その中でも、セックスワーカーの苦しみは最も見えづらかったものだと思う。本書では、どうして彼女らは苦しみの見えづらいところにいるのか、なぜ見えづらくなってしまったのかを書くことを試みた。社会運動家でもなく現場の支援者でも社会学者でもない自分だけに、分析も考証も拙いと思うが、ご容赦願いたい。

だが少なくとも本書を読んでいただくことで、見えづらい痛みを抱えた女性の痛みがちょっと見える「可視化フィルター」が、読者の目に育つかもしれない。あれ？　これ放っておいたらまずいんじゃない？　そんなことを少しでも思ってくださる読者がいれば幸甚だ。

心情面だけではなく、実際問題は深刻だ。かつて「産む機械」という議論があった。女性は働くことより出産育児を、などという言葉はあまりにナンセンスで馬鹿馬鹿しいが、それでもひとつだけ言えるのは、男は子供を産めないということだ。いま日本は少子高齢化の中、圧倒的な生産人口不足・労働力不足の時代を眼前に控えている。にもかかわらず、国内の個人が所有する金融資産は高齢者に集中し、福祉といえば高齢者の介護福祉。子供や女性への福祉は軽視されたままだ。議論はされているが、もう圧倒的に数字が違う。

生産人口の減少は、国力の衰退に他ならない。むしろ日本の男性は頭を下げて女性に

「産んでくださいお願いします」とお願いするような状況にあるのに、そもそもその貧困状態が可視化されていないことに、大きな危機感を抱きはしないだろうか？

見えづらいことを見えやすく。本書が女性の苦しみを緩和・解決する生産的議論の一助となってくれればと思う。

著者略歴

鈴木大介《すずきだいすけ》

一九七三年千葉県生まれ。

「犯罪する側の論理」「犯罪現場の貧困問題」をテーマに、裏社会・触法少年少女らの生きる現場を中心とした取材活動を続けるルポライター。

著書に『家のない少女たち』『援デリの少女たち』『振り込め犯罪結社』（すべて宝島社）、『出会い系のシングルマザーたち』（朝日新聞出版）、『家のない少年たち』（太田出版）などがある。

現在「モーニング」（講談社）で連載中の『ギャングース』（原案『家のない少年たち』）でストーリー共同制作を担当。

幻冬舎新書 360

最貧困女子

二〇一四年九月三十日 第一刷発行
二〇二五年十月 五日 第二十刷発行

著者 鈴木大介

発行人 見城 徹
編集人 志儀保博
発行所 株式会社 幻冬舎
〒一五一-〇〇五一 東京都渋谷区千駄ヶ谷四-九-七
電話 〇三-五四一一-六二一一(編集)
〇三-五四一一-六二二二(営業)
公式HP https://www.gentosha.co.jp/
ブックデザイン 鈴木成一デザイン室
印刷・製本所 株式会社 光邦

Printed in Japan ISBN978-4-344-98361-8 C0295
す-7-1

*この本に関するご意見・ご感想は、左記アンケートフォームからお寄せください。
https://www.gentosha.co.jp/e/